宇都宮英人

Utsunomiya◆Hideto

自分を護る力を育てる

海鳥社

本扉・本文挿画＝入江千春

はじめに

塾講師が刃物によって少女を殺傷した事件は、護身を正面に据えて考えなければならないと改めて思わせるものでした。おそらく十分に抵抗できなかったであろう少女の無念さと、自らの身体で向きあえなかった塾講師の身体性の欠落が、強烈な印象を与えたのです。また、その後も同級生から首を絞められて殺された事件や、いじめによって自殺に追い込まれる事件など、人の尊厳が脅かされ踏みにじられる事件が各地で発生しています。

日頃、空手スクールという舞台で子どもたちを指導しているわたしは、身を護ることをきちんと考え、身を護るための技術的な裏づけを構築し、子どもたちに伝えていくことを実践的な課題にしてきました。

それにしても、人の尊厳というものがなぜこのように軽くなってしまったのでしょうか。日頃、弁護士として少年事件に関与して感じるのは、加害少年たちが、一人の人間として、人の尊厳に対して思いを馳せるということの希薄さです。そこにも、他人の身体に対する欠落感が見てとれます。

護身のための空手の技術の取得を目指してきましたが、昨今の事件に接するなかで、その技術の基本に、人の尊厳に対するきちんとした理解がないといけないと一層感じるようになりました。本書は、身を護るということはどんなことかを考え、そのためにどんなことをしたらいいかを追求したものです。

身を護るというと、被害者にならないことだと考える人が大半だと思いますが、加害者にならないようにすることも身を護ることだとわたしは考えています。そして、人は尊厳を踏みにじられる被害者にも、踏みにじる加害者にもなりうる存在であることを認め、それを防ぐためにはどうしたらいいかを考えていくというのが本書のテーマです。

子どもたちに必要なのは、人の尊厳についてのきちんとした認識と、それを踏みにじられないようにするための技術を獲得することです。同時に、人の尊厳を踏みにじらないような感覚と行動をするには、どうしたらいいかを考えることも重要です。

護身についての考察を進めると、護身の主体はあくまでもその本人であるという簡明な事実が浮かび上がってきます。そこから護身の力をどうつけていくかということが課題になってきます。

本書は、身を護ることの本質を考察し、身を護るために必要な力と行動は何かを求め、それを育んでいくにはどうしたらいいかを論じたものです。また、現実の場面でどんな行動をとったらいいかという角度からの検討もしています。

わたしの意図が本書にてどの程度実現しているかはわかりませんが、護身ということを一人ひとりが自らの問題として多角的に考えていく端緒になればと思います。

二〇〇六年十一月十一日

宇都宮英人

自分を護る力を育てる◉目次

自分を護る力を育てる

身を護ることを考える

mi wo mamoru koto wo kangaeru

身を護ることの本質

❖身を護るとはどんなことですか

「身を護る」ということばからどんな状況が思い浮かぶでしょうか。

たとえば、見知らぬ人からいきなり顔を殴られようとしたとします。もし、何もしないで放っておいたら、殴られて顔を負傷するかもしれません。自分の身体が理由もなく傷つけられるのですから、そんなことを認めることはできません。傷つけられなくても、身体が安全であるという感覚が脅かされることは明らかです。これを回避するには、逃げるとか、手などを使用して防ぐ身体動作をする必要があります。

そして、相手方が攻撃を止めない場合には、大声を出したり、相手方を制御したり反撃するなどして、相手方の攻撃を封じてしまわなければなりません。また、相手方がナイフを持っている場合には、生命に対する危険を除くために、ナイフを取り上げるなど相手方を直接制御する身体動作がどうしても必要になります。このように、いきなりの行為による身体の危険に対しては、それを排除する身体動作が求められます。

一方、身を護る本質からは、そうした危険な状態にならないように予防的に対応することが重要です。危険な状況をどうやって作らないようにするのか、危険な状態に陥らないようにするにはどうしたらいいかということです。そして、危険を感じたらいかに素早くそこから脱するかということになります。そこでは、危険をどう察知するかということが課題になります。あらかじめ危険がわかれば、それを回避できるからです。

たとえば、後方から密かに近づいてきていきなり首を絞められようとする場合、攻撃しようとする人の接近を感じ取れるかどうかが鍵です。察知は、早ければ早いほど有効であることは言うまでもありません。

また、身を護るということは、生命や身体だけでなく、自由や名誉など人の人格にかかわる部分に対する侵害の危険を防ごうというときにも生じます。それは、身を護るということが生命や身体を護ればいいということに留まらないことを示しています。「殺されない」「傷つけられない」「犯されない」「脅されない」「騙されない」などが、身を護ることの具体的な指標になります。

最近成立した高齢者虐待防止法（平成十八年四月施行）は、高齢者（六十五歳以上の者）に対する虐待の種類として、「身体的虐待」「心理的虐待」「世話の放棄（ネグレクト）」「性的虐待」や「財産侵害」を規定していますが、これらは身を護る指標としても参考になるものです。

それでは、身を護る行動をとるときに共通に脅かされていると考えられるのは、何なのでしょうか。

たとえば、いじめで、人を殴ったり、いやなことをさせたり、無視したり、脅かしたりする場合、あるいはそれを黙認したりするとき、いじめの対象となった人の思いがどんなものか気づかないことがあります。

しかし、自分がそのようなことをされたらいやなことはわかります。それは、人として大事な部分が脅かされていることが理解できるからです。その人としての大切な部分は、「人の尊厳」ということばで表現できると思います。

このような点から、身を護ることは「生命、身体、自由を侵害しようとするなど、人の尊厳を脅かす行為に対して、これを防ぐこと」として理解することができます。

それから、身を護ることといえば、通常他人の行為に対してのものです。しかし、わたしは、「生命、身体、自由を侵害しようとするなど、人の尊厳を脅かす行為を自らしないこと」を含めて考えた方がいいと思います。

なぜなら、「生命、身体、自由などを侵害しようとして人の尊厳を脅かす行為を自らすること」が「他人の尊厳を脅かす」だけでなく、「自らの尊厳を脅かす」ことにもなるからです。それは、相手方からの正当防衛によって合法的な「生命、身体、自由などの侵害」を甘受しなければならないだけでなく、社会的には刑罰による自由の剝奪などを招きます。

また、付添人として少年事件を担当した経験からすると、他人の「身体、自由などを侵害して人の尊厳を脅かす行為」をする少年の中には、自らが尊厳を脅かす行為をされた者が相当います。自分の身を護る意識の欠落が「自分の身の侵害」を招くと同時に、「他人の身を侵害」することへの感性をも奪っているとみられる事案が多いのです。

この点からいうと、「他人の尊厳を脅かす行為を自らしないこと」が「自分の尊厳を脅かす行為を防ぐこと」になるだけでなく、「自分の尊厳を脅かす行為を防ぐこと」が「他人の尊厳を脅かす行為をしないこと」にも結びつく側面があります。

身を護る
被害者にもならない
加害者にもならない

このことは、ぜひ子どもたちに伝えたい部分です。端的に言うと、身を護るとは、生命、身体、自由を侵害しようとするなど、人の尊厳を脅かす行為に対して、被害者にも加害者にもならないようにすることです。「被害者にならないようにするにはどうしたらいいか」を主題にしながらも、「加害者にならないようにするにはどうしたらいいか」をも併せて考察することで、護身の意味内容をより明確にすることができると思います。

また、護身の最終局面を念頭におきつつ、そうした状況に至らないためにはどうしたらいいかを視野に入れて、身を護ることを考えていきたいと思います。

❖人の尊厳とはどんなものですか

生命、身体、自由を侵害しようとするなど、人の尊厳を脅かす行為に対して、これを防ぐことが身を護ることだというとき、人の尊厳とは一体何でしょうか。

人の尊厳とは、人としてかけがえのないもの、侵すことができないもの、侵されてはいけないものです。また、代わりのきかないものでもあります。人を人たらしめているものということもいえます。

生命、身体、自由などは、人としてかけがえのないものであり、また、代わりのきかないものです。侵すことも、侵されることもできないものです。こうした人としての価値を構成するのが人の尊厳です。

それでは、財産はどうかということになるでしょう。この点については、人が生計を立て生活する基本となる財産については、それを侵害されることで生活が直接脅かされるという点で、やはり、かけがえのないものといえます。

また、人としての尊厳は、個人にしかなく、会社などの法人にはありません。現実の社会、特に経済社会では、法人の持つ価値が大きな力を持っています。しかし、法人は社会によって人工的に作られたもの、で代わりのきくものですので、人としての尊厳を脅かす主体にはなりえても、人としての尊厳の主体にはなることはできません。ですから、身を護るということについては、当然のことですが、自然人である個人が主体となるものです。

このように、人の権利や自由のうち代替性のないものを語るキーワードが、人の尊厳です。そして、代わりがきかないが故に、人の尊厳を脅かす行為に対しては、これを防止する行動が極めて重要なのです。

ところで、留意しておきたいのは、人の尊厳に対して生じる個々人の感覚の差です。人の尊厳は文化的背景を担った観念で、社会的に共有されることを前提にしています。

しかし、人は行動するときには、自分の感覚で行動します。そこで社会的に共有されている観念とのあいだにずれが生じてきます。面倒を見ているつもりが虐待になっていたり、いじめがなくならないというのは、現実の行動のなかでそのずれを認識することが容易でないことを示しています。

これは、人の尊厳とは何かということを、現実の場面で問い続けることの重要性を示しています。人の尊厳は、そうした問いを発する源になるという点で、護身ということを考えるとき中心にすえなければならないことばだと思います。

また、人の尊厳については、子どもの権利条約や障害者権利条約などで示される国際規準に照らして考えてみる視点も必要だと思います。

❖なぜ護身を問題とするのですか

毎日のように、理由もなく人が殺されたり傷つけられたりしています。また、脅かされたり、性的被害にあったり、騙されたりという被害も後をたちません。こうした被害は、大人だけでなく、子どもたちの世界にも生じています。被害がいったん発生すると、多くの場合取り返しがつきません。生命を失うことがない場合でも、からだや心に後々までの傷を残してしまうからです。だからこそ、大人たちは、凶悪犯から子どもたちを護るために、子どもたちの集団登下校を組織したり、危険な場所を調査したり、子どもたちに防犯器具を持たせるなどの対策を打ち出しています。

確かに、子どもたちのために大人ができるだけ安全な環境を作ることは、子どもたちに対する義務というべきものです。特に、凶悪犯から子どもたちを護るための対策は、色々となされるべきです。

しかし、大人がどんなに努力しても、四六時中子どもについているわけにはいきません。子どもたちの活動範囲は、大きくなるにしたがって広がっていきますし、また、加害者は、全く見知らぬ大人に限りません。学校生活など普通に営んでいる社会生活でのトラブルから被害を受けてしまうことが、十分ありえます。

したがって、子どもたち自身が、危険な時間や場所を知ったり、危険な状況を察知して自ら危険を回避する、護身についてしっかりした考え方を持つことが求められているのです。特に、未成熟で発達途上の子どもたちに対しては、危険を回避するための考え方や行動によって被害を受けないようにするだけでなく、生命、身体、自由など、人の権利や利益に対する侵害の危険を自ら作り出さないことをきちんと教えていく必要があります。それは、人の権利を尊重する人権の教育であると同時に、身を護る教育の側面を持っています。

また、一般的に注意するだけでなく、具体的な状況を設定して、どのような行動をとるべきかを教えていくことも必要になってきました。色々な状況に現実的に対応できるように、護身の力をつけていくことが求められています。集団の中にいるからといって安全とはいえないということや、親しい人が護ってくれるとは限らず、逆に尊厳を脅かす行動を急にとることもありうるという現実や、日頃おとなしいということと暴力のコントロールができるということは別であるということも、伝えておく必要があります。

信頼関係を基本とする社会において、理不尽なものを伝えることは簡単ではありませんが、人が生き抜いていくためには、どうしても避けられない課題です。

◈何から身を護るのですか

人は生活していくうえで色々な危険に遭遇します。このうち、地震や台風といった自然災害に対しては、防災という領域になります。

一方、護身というときには、自然ではなく人による災害を対象としていることは明らかです。また、人による災害のなかで、人が間接的に生命や身体などを脅かす行為は、対象にしていません。たとえば、衣、食、住というのは、人の生活に必要な三つの基本と言われており、食の安全や住の安全は、人の生活の安全にかかわる重要問題です。しかし、そこでの人の関与は間接的です。

これに対して、護身というときの人の関与は直接的です。要するに、護身というのは、生命、身体、自由を侵害しようとするなど、人の尊厳を直接脅かす行為を防ぐ行動といえます。

ところで、ここで「生命、身体、自由を侵害しようとするなど、人の尊厳を脅かす行為をする者」とは誰を指しているのでしょうか。まず、念頭には他人があります。そして、他人については、全く見知らぬ者とそうでない者、一緒に生活している者とそうでない者とに分けられます。

相手方が誰であれ、生命、身体、自由を侵害しようとするなど、人の尊厳を脅かす行為は許されませんし、これを防止する行動は当然認められます。ただ、相手方が顔見知りであったり、ましてや一緒に生活している者である場合には、身体だけでなく、信頼を裏切られたという思いによって心に大きな打撃を受ける可能性があります。そして、本来当然になされるはずの自分を護る行動を鈍らせてしまう可能性があることを頭に入れておく必要があります。

また、一緒に生活している者による侵害行為のなかで、本来世話をすべき者による侵害は、

「虐待」としてとらえられています。児童虐待防止法に加えて、最近高齢者虐待防止法ができましたが、これらは、被害を受ける者が児童や高齢者である一方、加害者が本来世話をする者であることから、被害者が自分を護る行動をとることが非常に困難で、虐待が発覚しにくいことや長期化しやすいといった実態を踏まえたものです。

次に自分です。「生命、身体、自由を侵害しようとするなど、人の尊厳を脅かす行為を防ぐ」ことには、自らがそうした行為をしないことを含んでいます。そして、「生命、身体、自由を侵害しようとするなど、人の尊厳を脅かす行為」をしない相手というのは、他人はもちろん、自分も含まれています。

つまり、他人を脅かさないだけでなく自分をも脅かさないということです。それは、自殺に典型的なように、自分で自分を害する実態を踏まえたものです。また、他人を脅かすことが自分を脅かすことになったり、自分を脅かすことが他人を脅かすことになるという相互関係にも留意したものです。護身というと、一般的には、他人からの侵害から身を護るということで理解されていると思いますが、自分がいじめなどして他人を脅かすとか、自分が自殺を考えるなどして、自分を脅かすという側面にもメスを入れて護身を考えるべきだと思います。

このように、護身には、自分から自分を護るという側面があり、この視点からの考察も欠かせません。

❖どんな利益を護るのですか

護身によって護ろうとするのは、どんな利益でしょうか。そこで考えられる第一は、生命や身体です。生命や身体というのは、それなくして人たりえないものですから、存在の前提といえます。

人の個性といいますが、その最も大きなものが、個体として他と異なるということでしょう。どのような人でも、生き抜いていく権利があります。そのためには、生命と生命の包まれた身体が必要です。したがって、これを直接的に脅かす行為を防がなくてはならないことは、当然のことです。自然界においても、子がその環境に応じて生き抜いていけるように、動物の親たちは、サバイバルの知恵を子に伝えています。そこで伝えるサバイバルの知恵の基本は、いかに自分の生命と身体とを護るかということです。具体的には、生命や身体に対する危険があれば、それを速やかに察知し、危険が現実化することを回避するあらゆる方法をとらなければなりません。とにかく危険な環境から離脱すること、危険から距離をおくことが一番ですが、危険があってもその環境のもとで行動しなければならない場合には、少なくとも危険を少なくする措置を講じる必要があります。

人の権利や尊厳に関する社会的なルールは、自分が他人の権利や尊厳を尊重することと、自分の権利や尊厳を尊重されることが対になっています。

刑法では、人の生命を侵害する行為は「殺人」、身体を侵害する行為は「傷害」、身体の安全に脅威を与える行為は「暴行」として犯罪類型化されています。そして、相手方によって作り出された危険が切迫した場合に、自分や他人の生命や身体を護るためになしたやむを得ない行為は、その結果として相手方が傷つくことがあっても、正当防衛行為として是認されています。（刑法第三六条）

第二に、人の身体の自由や性的自由です。身体を理由なく拘束したり、望まない性的関係を強要するのは、人の尊厳を侵す行為です。人の身体の自由や性的自由を侵害する行為は、逮捕、監禁、強制猥褻、強姦などの刑法犯となり、刑罰の対象となっています。こうした利益が侵害されそうな状況のもとで、侵害の脅威を受けた者が防衛行為をして、そのために相手方が怪我をしても正当防衛になることは言うまでもありません。

第三に、人の信用、名誉や業務、財産があります。これらは、人の身体そのものではなく、人に付着した利益といえます。しかし、人の尊厳という観点からいうと、このような利益が生命や身体に匹敵することがありますし、人の尊厳に密接に関連している場合があります。

たとえば、高齢者に対する財産侵害などは、高齢者の生命の基盤を脅かすものです。これらに対しては、業務妨害罪、信用毀損罪、名誉毀損罪、窃盗罪などが犯罪類型化されていますし、さらには、脅かされる対象としての財産が身体の安全や意思決定の自由などと結合したものとして、強盗罪、恐喝罪、詐欺罪などの刑法犯があります。

第四に、精神の自由があります。この点については、生命、身体、自由、名誉、財産に害を加えることで脅迫したり、脅迫や暴行で義務のないことを行わせたり、権利を妨害したりする行為が脅迫罪や強要罪として犯罪類型化されています。

このように、人の生命、身体、自由を侵害しようとするなど人の尊厳を脅かす行為は、違法行為であり、犯罪を構成するものです。そして、人の権利を尊重すべきであること、人の権利を侵害しないことを肝に銘じなければならないことは、言うまでもありません。もし、こうした権利や利益が侵害されそうになれば、それを護らなければなりません。それが護身のテーマになります。

❖どんなことから身を護るのですか

身を護る対象となるのは、身体やことばや道具を使って人の尊厳を脅かす行為です。まず、身体を使ってなされる行為が、人の生命、身体、身体の自由、性的自由、財産を脅かす場合、当然に護身の対象になります。この場合、身体を補助する形にて道具が使用されることがあります。ナイフや小刀などがそうです。刃物などの道具が使われる場合は、生命に対する危険性が直接生じるので、これに対する行為は文字どおり身を護る行為になります。

次に、ことばによって人の尊厳を脅かす場合です。これには、身体の自由、性的自由、精神の自由が脅かされたり、名誉や信用や心が傷つけられたりします。

最近、ことばの暴力という表現がなされますが、暴力というのは元々、身体や道具を使ってなされるもので、ことばでは脅迫はなされても暴力はなされないはずです。しかし、人に対するダメージという点で、ことばが身体的暴力に匹敵すると見られる場合が、現にたくさんあります。

人は、身体的暴力によって身体と心が傷つき、ことばによって心が傷つきますが、被害者の受けるダメージの程度やその受ける影響の大きさからすると、心を傷つける行為を身を護る行為の対象とするのは、当然のことです。

ちなみに、子どもに対する虐待を防止する法律でも高齢者に対する虐待を防止する法律でも、身体的虐待とならんで心理的虐待が決められています。また、高齢者虐待の調査では、身体的虐待と心理的虐待とが重複して行われている割合が高いことが示されており、両者が密接に関連していることをうかがわせるものです。(二〇〇四年三月公表の医療経済機構による「家庭内における高齢者虐待に関する調査」報告書)

❖なぜ身を護ることを考えなければならないのですか

身を護ることを考えなければならないのは、人の尊厳を脅かす行為が現にあるからです。もし、そうした行為がなければ、身を護ることなど考える必要は全くありません。人に危害を加えられようとしたり、脅されようとしたり、騙されようとしたりする現実がある以上、それを防ぐことがどうしても必要になります。

もし、そうした危難が振りかかってきた段階で、身を護る行為がなされなければ、生命や身体や性的自由などが侵害されてしまいます。それは、人の尊厳を脅かす行為を許して、むざむざと犠牲者になってしまう道です。生命が侵害されれば人ではなくなります。

そして、人の尊厳が脅かされて権利が侵害された場合には、その対象となった利益が損なわれるのはもちろんのこと、被害者の心に大きな傷跡を残してしまいます。たとえば、暴力によって身体が負傷したり、性的自由が侵害されたりした場合、直接的に傷つけられるのは身体や性的自由ですが、それだけではなく、被害にあった人の心が結果的に傷つけられてしまうのです。

例えば、被害のシーンがフラッシュバックされて精神に変調を来したり、小さな事柄に過剰に反応したり、恐怖によって人との関係を正常に保つことが難しくなり、異性あるいは他人に対する不信をぬぐえなくなることです。このことで信頼すべき人すら信じられなくなって、心が閉じてしまうなどが起こります。

こうした身体と心との関連性については、人の尊厳を脅かす行為が人の身体だけでなく人の心を蝕むものであるということをはっきりと示すものです。身体を傷つけることが心を傷つけることになると同時に、心を傷つけることで病気になるなど、さらに身体を傷つけることにもなるという関係にもあります。

さらに、心を傷つける行為は影響が長く続く可能性があります。身体や心が傷つけられれば、立ち直るために多くの時間が必要になります。それによって自分の望んでいた人生の航路を変えなくてはならなくなるかもしれません。それだけに、人の尊厳を脅かす行為が成功しないように、あらゆる手段を講じてこれを防御する必要があるのです。

被害にあったあとの心理的ケアをすることは、大切なことですし、被害に対する補償も当然です。また、加害者に対する刑罰も当然のことです。しかし、生命、身体や身体の自由、性的自由が侵害されてしまうと、その被害者にとって被害を受けた事実は消えません。その被害は、本来金銭的に評価できないものですから、どのような金銭、どのような刑罰に

よっても購えないものです。その点では財産的な損害に対する補償とは基本的に異なっています。

要するに、いったん侵害が発生した場合には、どのような刑罰、どのような金銭補償、どのような事後的ケアがなされたところで、本当の意味で被害が回復されることは難しいということです。そうした侵害行為の危険がいついかなる状況で誰に到来するかを予測することは困難です。しかし、不測の事態に対してきちんと対処できるよう準備しておくことは、サバイバルのためには不可欠です。だからこそ、侵害が発生しないように護身ということをきちんと考える必要があると思います。

❖身を護る拠り所は何ですか

身を護る拠り所は、その人自身であり、その人以外にはありません。

もちろん、人の尊厳を脅かす行為が生じないようにするために社会的な仕組みを作ったり、現実の状況に応じてその人をサポートしていくことは大切ですが、身を護る究極のところでは、身を護る主体としての本人に依拠する部分が大きいといえます。

警察などの社会的システムを利用して安全の確保を図ることは大切なことです。しかし、まさに侵害されんとする現場に警察官など助力者がいるということは、現実には想定しにくいのです。実際の事件を見ても、警察官が現場にいたことはまずありません。警察官は事件後に現場に到着しますが、そのときには既に侵害行為は発生しています。

もちろん、侵害の形態が一定の時間をかけて行われるストーカー行為のような場合には、侵害行為を予防するための方策をきちんと立て、そこに警察などの社会的システムを利用することを考えることが重要になります。それでも、その方策を立てる主体になるのは、やはりその人自身です。

また、被害の予防についても、本人の主体的な関わり抜きに誰かが護ってくれることもありません。「振り込め詐欺」などによって騙されるのを防ぐには、言語によるコミュニケーションを駆使して相手方の嘘を見抜かなければなりません。また、脅されないためには、恐怖心を乗越える心構えや言語による巧みなコミュニケーションが必要です。

さらに、身体の危害を受けないようにするには、恐怖心を乗越え瞬時に行動することが必要です。この点では、侵害行為という身体的動作に対して、瞬時にそれに対応する身体動作ができるかどうかです。

そこでは、「相手の身体的対応に、自らもどうコミュニケートできるかどうか」、という身体的コミュニケーション能力が問われることになります。

コミュニケーションについては、意思の伝達という本質から言語によるコミュニケーションが中心であり、身体的コミュニケーションは、身振りやまなざしなど、言語によるコミュニケーションの補完手段として構成されています。

しかし、愛情表現や敵対表現といった生死に関わる領域では、身体表現自体が固有の意味を持っていますし、単に意思の伝達ではなく意思の実現という側面を持っています。そこでは、相手方の意思を実現せんとする意思の強さに対応して、相応の身体対応をすることが必要です。

このように、身を護る拠り所を求めると、その人の言語によるコミュニケーションや身体的コミュニケーション、恐怖心を乗越える心の強さということが出てきます。

後で詳しく論じることになりますが、言語によるコミュニケーションを示す「ことば」の力と、身体的コミュニケーションを示す「からだ」の力と、事態をきちんと把握して冷静に対処する「心」の力が護身の原動力だと思います。

❖自分と他人との関係はどう考えたらいいですか

子どもたちが起こす事件から自分と他人との関係を考えてみたいと思います。

子どもたち、特に学校に受け入れられない子どもたちの中には、同じような境遇の仲間の誘いに易々と乗っかって、人の財産や身体を侵害する事件に関与してしまう子がいます。本人には取りたてて事件に関与する理由がないのに、学校から疎外されたことによって生じる仲間意識がそうさせると感じる事件が多数あります。もちろん、個々のケースごとに要因があり一般化は危険ですが、学校が居場所だった子にとって、居場所の学校がなくなれば別の居場所を求めてしまいます。そこで登場する適当な居場所があればいいのですが、それがないと漂ってしまいます。

個として確立しておればともかく、そうでないと、居場所を失った子は、仲間として登場する者に対して、そこを簡単に居場所と感じてしまいます。また、居場所を失うことに対する恐怖感によって、悪い誘いも断われない心理状態に容易になってしまいます。

護身という観点から考えると、容易に他人の影響を受けやすいというのは大きな問題ですが、この点から学校という場に対しても、その限界に留意しておく必要があります。

学校というのは、ある意味で社会のネガティブな部分を排除して純粋培養をしようとする器ということがいえます。そこでは、集団の安全弁を提供する代償として、一定の集団的ルールへの同調が求められます。そして、大半の子は、それに従っていくのですが、いつかはそこから出なくてはいけません。集団の安全弁から出たところでは、集団的ルールというのは必ずしも機能しません。個々人が、自分で判断しなくてはいけない部分が多いのです。しかし、集団に自分の判断を委ねてきた人は、どうしても状況に依存しやすいという傾向があります。ある状況が作られた場合に、その真偽を疑うのではなく、それを既存のものとして簡単に受け入れてしまうのです。現実の問題にぶつかったときにどうするかというのは、それが差し迫ったものであればあるほど、瞬時に自分で判断しなければなりません。

そうした力というのは、集団に自分の判断を委ねていてはつきません。やはり、個々人が状況に応じて対応する力をつけていくというのが、護身の観点から重要です。

そして、他人との関係においても、踏み越えてはならない一線というものを社会的ルールの問題としてだけではなく、個々人の倫理の問題として確立しておくことが、護身の基本です。昔から、「親しい仲にも礼儀あり」といいました。それは、冒頭で述べた「生命、身体、自由を侵害しようとするなど、人の尊厳を脅かす行為に対してこれを防ぐこと」や「生命、身体、自由を侵害しようとするなど、人の尊厳を脅かす行為を自らしないこと」に繋がるものです。

❖法的にはどう考えたらいいですか

この節の最後に、身を護るということが法的にどのような扱いになっているかを紹介したいと思います。

まず、正当防衛（刑法第三六条）があります。その内容は、「急迫不正の侵害に対して、自己又は他人の権利を防衛するため、やむを得ずにした行為は、罰しない」（同条一項）となっています。

たとえば、相手方がナイフで攻撃してきたりするなど、被害が切迫した状況のもとに、それを防ぐための行動によって、結果として相手方が怪我をしたり場合によっては死亡したとしても、反撃行為が侵害に対する防衛手段として相当であった場合には、罪責を問われません。この場合には、刑事上の責任がないだけでなく、損害賠償など民事上の責任もありません。そこでは、被害が切迫しているかどうか、防衛行為がやむを得ないかどうかが問われることになります。

次に、緊急避難（刑法第三七条）です。これは、「自己又は他人の生命、身体、自由又は財産に対する現在の危難を避けるため、やむを得ずにした行為は、これによって生じた害が避けようとした害の程度を超えなかった場合に限り、罰しない」（同条一項本文）となっています。たとえば、相手方がナイフで攻撃してきた場合に、自分の身を護るために、そこにあった他人の物を投げたりして防いだとした場合、その物が損傷したとしても、器物損壊罪などの刑事上の責任を問われることはありません。それは、「現在の危難を避けるためのやむを得ない行為」であり、その避けようとした害が「人の生命や身体」であるのに対して、その行為より生じた害が「財産」で、害の程度において後者が前者を超えないからです。

このように、緊急避難では、その行為より「生じた害」と「避けようとした害」との間において害の程度についての比較がなされ、程度の判断がなされる点に特徴があります。これは、正当防衛が自ら不法な侵害行為をする者に対する防衛行為であり、それによって侵害行為をした者に害が生じたとしても自業自得であるのに対して、緊急避難は、現在の危難を避けるために、関係のない第三者に行為によって生じた損害を受忍させるものだからです。このため、緊急避難においては、民事上の責任は必ずしも免除されません。

身を護るための力と行動

❖身を護るためにはどんなことが必要ですか

危険の把握　身を護るためにまず求められるのは、生命、身体、自由などを侵害しようとするなど、人の尊厳を脅かす危険を把握することです。いったい、いかなる場所、時間にどのような危険があるかを把握することです。事件の発生した場所を見ると、夜の時間帯や人目につきにくい場所がよく犯罪の場所に選ばれています。もちろん、そんなことにはお構いなしの犯罪もありますが、やはり犯罪が多発する時間帯や場所はありますから、そうした情報を把握して、できるだけそうした危険な場所や時間帯は避けるようにすべきです。

このように、危険の把握には情報というのが重要な要素になります。しかし、全ての情報を把握することは不可能ですし、仕事などのためにどうしてもその時間帯やその場所を通過しなくてはならない場合も当然生じます。その場合、ひとりでそこを通行しないようにするなど、危険の回避のための努力をする必要がありますが、それでもリスクは残らざるを得ません。

最終的には、ひとりで危険を把握して、危険の程度によっては、別の行動をとるなどしなくてはいけません。その場合、どこが危険であるかとか、あるいはそこにいる人が危険であるということを把握するのは、感覚によるものです。「何かおかしいな」とか「胡散《うさん》くさいな」という感覚は非常に重要であり、そういう気がしたら、警戒を強めることは当然のことです。それは、自分の尊厳に対する明確な意識と、それを脅かす危険に対する繊細な警戒心があって、初めて可能になります。

瞬時の的確な行動　次に、危険を把握したら、それを回避する方法を的確に判断して、直ちに行動することです。危険の程度の判断も必要です。相手方との交渉が可能なのか、可能でないのか、逃げるのか、反撃するのか、その判断は瞬時になされなければなりません。

可能であれば、ことばを使用し、それがだめなら身体を使用して、直ちに行動する必要があります。ことばを使用する場合には、ことばによるコミュニケーションの力が求められますし、身体を使用する場合には、身体動作を展開する力が求められます。

ことばによるコミュニケーションと、身体的コミュニケーションの力に裏付けられた判断力と行動力とが、身を護るための原動力です。相手方の行為が、直接に、生命や身体や自由など人の尊厳など、人の尊厳を脅かすものであれば、直ちにそれを防ぐ手立てを講じなければなりません。その場合には、直ちに反撃することが求められます。また、逃げることが可能であれば、逃げなければなりません。その判断が瞬時に下されなければならないのです。ともかく、逡巡することはできません。一瞬のためらいが場合によっては致命傷になります。

恐怖を乗越える力＝勇気と集中力　恐怖心があると、どうしても躊躇《ためら》ったり、からだが硬直して動かなくなったりすることになりかねません。恐怖心があることは正常です。行動することによって自分の生命や身体にリスクが生じるのですから、持つなという方が無理です。ただ、これにとらわれていると、せっかくの助かるチャンスが失われてしまいます。状況によっては、行動することのリスク以上に行動しないことのリスクが大きいのです。このため、恐怖心を乗越える勇気とプライドとを喚起する必要があります。大声をあげて自分を奮い立たせたり、相手を威圧することも必要です。

こうした判断及び行動をするために必要な力として、恐怖を乗越える力＝勇気、直ちに行動するための集中力が必要です。

また、逆に、人や自分の尊厳を脅かしたり侵害したりすることのないように、自分を制御する力が必要です。自分の尊厳に対する明確な意識、勇気、集中力、自己制御力というのは、自己の心に関する問題であり、護身においては、技術論の前に、心の力というのが大きな比重を占めていることが明らかです。

コミュニケーションの力　最後に、より基本的で予防的なこととして、危険な状況を作り出さないためのコミュニケーションの力について指摘したいと思います。それは、人との間にてお互いの尊厳を尊重する関係を作っていくということです。

お互いの尊厳を脅かさないということは、被害者にも加害者にもならないための根本です。好き嫌いという情緒を超えたところで人の尊厳を基軸にすえることは、護身だけではなく、社会に関わっていく基本ということがいえます。

人の尊厳を尊重する関係は、コミュニケーションによって作られていきますので、その力をどうつけるのかは、教育の大きな課題です。そこでは、ことばの力が大きな役割を果たしていきます。どのようなことばを使い、どのようなことばを使わないかは、具体的状況において選択されていきますが、それが危険を作り出したり、危険を取り除いたりします。ことばを鍛えることが護身においても重要な課題となるわけです。

このように、護身に必要な力を整理すると、人の尊厳に対する認識力、想像力、判断力、行動力、勇気、集中力、自己制御力、コミュニケーション力ということばが連なってきます。そして、こうした力を生み出していく源泉として、からだ、ことば、心という三つの要素の重要性が浮かび上がってきます。身を護る力をつけるには、からだ、ことば、心にどんな働きかけをしたらいいのかというのが実践的な課題になるのです。

❖危険の種類と程度をどう把握するのですか

身を護るのは、生命、身体、自由を侵害しようとするなど、人の尊厳を脅かす行為に対してです。ですから、その人にとって、人の尊厳を脅かすどんな危険があるかという内容の把握が問題になります。

まず、何に対する危険なのかという点です。生命なのか、身体なのか、身体の自由なのか、性的自由なのか、精神の自由なのか、財産なのかなど、危険の種類をはっきりさせる必要があります。

次に、その危険が何によって生じているかです。具体的には、相手の身体なのか、道具を使ったものなのか、あるいはことばなのかということです。

また、相手方が見知っている人か、そうでないかという点があります。もし、相手方が見知っている人であれば、説得など、ことばによるコミュニケーションによって危険を回避できないかという点が出てくるからです。ただ、そのことによって、説得することが到底不可能な危険が迫っていることを見落とさないようにしなければなりません。見知っている人に対しては、無防備になりがちであり、危険の把握が遅れてしまい、そのことが致命的になるリスクがあるからです。こうした判断は一瞬のうちに決しなくてはなりません。

さらに、危険の到来が一回のみか継続的かということもあります。危険の到来が一回のみであれば、その具体的行為を排除すれば身を護る行動は完結するのに対して、継続的であれば、総合的対策を立てる必要が出てきます。

また、明らかな危険か、そうでない危険かという点があります。たとえば、詐欺行為は客観的には詐欺とみられても、当事者にはわからないことが多いわけです。危険がわからないからこそ、被害が発生するのですから。

最後に、瞬時の危険とそうでない危険です。瞬時の危険というのは、ナイフをもって襲われた場合のように、その瞬間に危険が実現してしまうような危険です。生命という最も重大な法益が危険にさらされていることもあり、瞬時の判断と行動によって、生命が救われるかそれとも危険に陥れられるか、あるいは失われるかという瀬戸際に立たされるものです。この場合には、行動しないことによるリスクも大きく、何もしないでいると、生命まで一挙に失われてしまいます。

このように、護身の行動をとる前提として、どんな種類のどんな危険であるかを瞬時に判断して行動に移すことが、求められているのです。

❖危険を察知するにはどうしたらいいですか

危険を察知するには、情報の収集と感覚を磨くことが必要です。情報は、危険な場所や時間帯を知るうえでも、あるいはどんな状況のもとに危険が発生したかを知るうえでも有用です。

類似の事件を検討することは、同様の危険に陥らないことや、危険が生じた場合の対処方法を知るために極めて有効です。夜中の一人歩きや酒によってふらつくことの危険性は、現実の事件を見ても明白です。

感覚を磨くという点ですが、身体を使って、あるいはことばを使って、どんな行為が危険かを感じ取っていくという訓練が可能です。危険の把握というのは、いまだ生じていないものを事前に察知するということですから、そこに働いているのは想像力です。

想像力が豊かであれば、事前に今後生じうることを予測できる可能性が高くなります。ここで述べている危険というのは人の行動についてですから、ことばによるコミュニケーションや身体的コミュニケーションによって、人の感情や行動を感じ取る力が育まれれば、危険をより察知することができると思います。

相手方が話を冷静にできる状態にあるのか、そうでないかの見極めも必要になってきます。また、相手方が自分の話に同調しないからといって、冷静さを失うようなことがないようにしなければなりません。「人が自分と異なるということは受け取り方も千差万別である」、ということを理解することが重要です。

相手方がこちらの意見をきちんと受け止めない場合は要注意です。きちんとコミュニケーションが成立しない可能性があります。最初から自分の考え方だけを強いようとしたり、事実を歪曲して伝えようとしていないかの点も見極める必要があります。相手方の話を聞く場合には、客観的な事実が語られているのか、相手方の解釈や判断や感情が語られているかに注意が必要です。その区別をするのは簡単ではありませんが、質問をすることではっきりしてきます。話の流れがどんな方向に向かっているかで、危険な話かどうかがわかってきます。

いずれにしても、少しでも疑問があれば、即答しないことです。電話を使った「振り込め詐欺」などは見えないことをいいことに、ともかく冷静に判断しないように仕向けていきます。こちらが、思い込みによって判断することを要求するのです。

相手が即答を強いるということは、こちらに思考することを許さないというメッセージととらえる必要があります。考えないで承諾することには、多くのリスクが伴います。また、あまりに好条件の話は危険だと考えるべきです。誰でもが乗るような好条件を、なぜ自分に持ち出してくるのかを冷静に考えれば、そうした話の危険性は理解できるでしょう。

それから、相手方の動きにも注意が必要です。とっさに殴ってきたりする場合にも、必ず予備動作があります。したがって、相手方の心や身体動作の動きを見据えるうえでも、こちらの目を大きく見開いて、相手方の目やからだの動きを見ていることが必要です。

❖どんな行動をとれば危険を回避できますか

人の尊厳に対する現実の危険に対して、護身のためにどんな行動をとったらいいかは、その危険がどんな種類のものであるかによって異なります。

夜遅く人通りの少ない所に人が数人いるといった状況や、なんとなく危険の兆候を感じる場合には、その場所を一刻も早く離れることです。危険を感じる場所には近づかないという鉄則があります。危険を感じたら、一目散に逃げることです。「三十六計逃げるに如かず」ということばがありますが、真実を言い当てた貴重なことばです。

次に、見知らぬ人から手、胸、肩など身体をつかまれた場合を想定すると、いかに素早く振り解くかということになります。本来は、身体をつかもうとする動作を事前に察知してつかませないのが最善ですが、不意になされた場合には、事前に食い止めることは簡単でないと思います。

ただ、つかまれた瞬間には、相手方の身体が接触したのを感じることができますので、その瞬間に振り解く身体動作をします。振り解く動作は、瞬時であれば払う動作だけで可能です。ただし、いったんつかまれて力を入れられてしまうと、通常の払う動作では難しくなりますし、振り解くだけでなく相手方を制御しようとする場合には、相手方の手を逆手にとって腕を回転させ関節を固めるなどの身体動作が必要です。こうした身体動作を一瞬にして行うのです。相手方によって腕を引っ張られるような場合も同様です。そして、相手方を振り解いたら、距離をとって再びつかまえられないようにします。

このように、身体による侵害行為に対しては、身体動作にて直ちに返すというのが原則です。ただ、こうしたやり方は、誰しもができるようになるとはいえ、一定の訓練が必要です。

それでは、訓練しなくてとっさに手や腕や肩を握られたときの対処方法はないでしょうか。私の理解するところ、最も有効な方法は、噛み付くことだと思います。

実際、強制猥褻行為の目的にて後方から肩に手をかけられた女性が、とっさにその手に噛み付いて難を逃れたという案件があります。その女性は何の訓練も受けたことのない人でしたが、肩に置かれた手に噛み付くことで相手方に苦痛を与え、相手方はそれ以上の行為をできなくなったのです。同じように、大声をあげて自分を奮い立たせ、相手方の気勢を殺ぐということもあります。抵抗の意思の強さを声に込めると同時に、周囲に人がいれば、無法な行為が行われていることを知らせることができます。大声を出すことによって相手方がひるむ可能性は高いといえます。

次に、いきなり殴りかかられた場合の行動です。この場合、オーソドックスな対応としては、殴りかかられた部位を手や腕で受ける身体動作をします。ただこの場合には防御だけで終わり、相手方の制御ができていないので、再び殴られる危険が残ります。このため、受ける身体動作をしたその手で相手方に打撃を与え、その後、

相手方を制御するという身体動作が有効です。ただこの身体動作にも一定の訓練が必要です。

さらに、相手方がナイフなどの道具を使用して、脅してきたり刺してきた場合にはどうでしょうか。実際にナイフを想定した物で訓練をするとわかりますが、相手方の手に行動の自由を与えるとナイフによって刺される危険が残りますので、いかに相手方のナイフを持つ手を制御するかということになります。

この場合、まず、一方の手で相手方のナイフを持つ腕の動きを封じ、直ちに、他方の手で相手方のナイフを持つ手をつかみ、もう一方の手と両方で相手方の手を封じてしまうという身体動作です。ここで封じるというのは、手や指の関節を固めて手が動かないようにすることです。そして痛みによって相手方がナイフを離さざるを得ないようにします。

ナイフを持っている者の弱点は、意識がナイフに集中している点です。したがって、こちらも、相手方のナイフを持つ手が自由に動かないことに意識を集中させればよいということになります。ナイフによって刺そうという行為は、人の生命を脅かす行為であり、これを防ぐためには、どんなことでも許されます。相手方のナイフを持つ手に噛み付く機会があれば、それも有効です。そこに投げる物があれば、投げつけて逃げるということもあります。いずれにしても、瞬時に行動しなければなりません。

次に、ことばによって脅されたり騙されたりしようとする場合です。

この場合には、疑問を感じたら質問し、いやなことは「いや」と言い、疑問に思ったら即断しないことです。特に文書にサインをすることは、絶対にしてはいけません。もし、いやなことだとして「いや」と言ったのに、それでも諦めずに同調を強いる場合には、速やかに話を打ち切ることが自分を護ることになります。いずれにしても、曖昧な態度をとることは、相手方に付け入る隙を与えることになりますので、避けなければなりません。

結局、現実の危険に対する回避行動は、どんな危険が生じているかを瞬時に把握し、その危険に対応する必要があります。その場合、相手方の行為が一回のみか継続的かということ、即時的か時間を取るものなのか、身体を使用するのか、ことばを使用するのか、道具を使用するのかといった点にも留意する必要があります。逃げるのか、反撃するのかという選択も瞬時に下さなければなりません。

❖どうすれば危険の回避行動がとれますか

現実の危険に対して、回避行動をとれるようにするには、危険な状況をシミュレーションして、どう行動するかをイメージすることが第一です。

たとえば、知らない人から手を握られたらどうするのか、肩をつかまれたらどうするのか、もし、ナイフを突きつけられたらどうするかといったことを想定するのです。身体による危険だけでなく、ことばによって脅されたり騙されそうになるといった状況も想定してください。それがどんな場所であるのか、周りに人がいるのかも考えてください。

相手方の目的が何であるかという点もあります。もし、相手方の狙いが明らかに金であるような場合、金を渡して一目散に逃げるという選択肢もあります。一定の金で人の尊厳に関わる生命や身体に対する危険を避けることができるならば、それは合理的な護身の行動ということができます。

このように、色々な状況を想定して、それに対する行動をシミュレーションすることで、自分ができることはどんなことかというイメージをつかむことができます。人は予想しなかった不意打ちの状況では、パニックになって、全く行動がとれなくなってしまう恐れがあります。それを避けるためにも、シミュレーションが必要です。

次に、シミュレーションによって想定する危険回避の行動を実際にやってみることです。シミュレーションというのは、頭での想定をもとにしていますので、それを実際的な動きにするには、身体動作がきちんとできるかどうかを自分の身体で確認しなければなりません。動きがスムーズに出ないのであれば、訓練が求められます。より合理的な動きを外から学ぶことができれば、さらに身体動作の質を上げることができることになります。

また、自分が人の尊厳を脅かす行為をしないことも護身と把握する観点からは、自分がそうした行動をとろうとしている状況や、そうした誘いを受けている状況を想定して、それを拒否する自分を想定し、拒否する自分が勝利を収めることをシミュレーションすることが重要です。

どんなに親しい友人からの誘いであるからといって、人を傷つけるような誘いに加担しないためには、状況に流されることを断固として拒否する強い自分が必要です。閉ざされた集団に属していると、そこで通用することがどこでも通用すると錯覚したり、判断を集団に預けて個人で判断することができなくなる危険があることに留意する必要があります。ごく一部とはいうものの、集団スポーツの構成メンバーが、集団暴行事件の加害者になる事件の存在は、そういう危険が現実化したものとしてみることができます。

❖身を護るために想定する場面とは

身を護ることが必要になる場面を大きく分けると、四つになると思います。

一つは、見知らぬ者からいきなり生命、身体、自由などを侵害されようとするなど、人の尊厳を脅かされる場合です。歩いているときにいきなり刃物で切り突けられるとか、身体をつかまれるとか、強盗に押し入られるとかといった場合です。この場合は、ともかく素早い身体的な対応力が求められます。交渉の余地はなく、ことばによるコミュニケーションの力が機能することはまずありません。不意打ちのために、パニック状態となって全く対応できない人もでてくるでしょう。

しかし、自分の尊厳を護るためには、恐怖心を乗越え、あらゆる手段を使って、逃げるか相手方を撃退しなければなりません。したがって、こうした場面で必要になるのは、自分の尊厳とこれを護ることへの揺るぎない確信です。それがあれば恐怖心を乗越えることができます。

また、どんな場面でどんなことができるかをシミュレーションして、不意打ちを不意打ちでないようにすることです。物を使うことも、噛み付いたり、目を突くといった危険な技もこうした場面では許容されます。

場面の想定というのはイメージトレーニングです。また、身体的対応のポイントは、瞬時に劇的な力を相手方の局部に加えることで相手方を制御してしまうことです。

二つ目は、一番目とは全く逆に、養護する立場の人からの尊厳を脅かす行為です。これは、生存の基本的部分において、自分が頼りにしている人から尊厳を脅かされることを意味します。その特徴は、それぞれの当事者が世話をする側とされる側という固定的役割のなかで、人の尊厳を脅かしているとか、脅かされているという意識が希薄になってしまいがちなことです。ですから、人の尊厳とはどんなものであるかを改めてきちんと意識することが出発点です。そうすることで、生命、身体、自由を侵害されようとするなど、人の尊厳を脅かされているという叫び声を、本人もそれを知った人もあげることが可能になります。また、自分がそうした行為をしているのではないかという疑問を持つこともできます。

これまで、尊厳を脅かす行為が家族関係の中で行われている場合、外部が関与することには戸惑いがありました。それは、家族がその構成員を護る基礎単位であるという認識や、家族内のプライバシーという見方が支配的だったからです。しかし、子どもや高齢者など、声をあげにくい者が、本来尊厳を護るべき者から尊厳を脅かす行為を受けている場合、それに気づいた者が声をあげ、家族関係に介入するなどして社会的に救済していくしか方法がありません。

児童虐待防止法や高齢者虐待防止法が、身体的虐待、心理的虐待、性的虐待、世話の放棄を定め、加えて高齢者虐待防止法が財産侵害を定め、虐待を発見した者の通報などについて法的整備をしたのは、その所以《ゆえん》です。

この場合にも、各人の人の尊厳に対する意識とそれを脅かすことが許されないこと、もしそうした状況になった場合には、速やかに助けを求めていいと、きちんと理解されることが自分を護る力になります。

三つ目は、学校や職場などで普通に暮らしている場面で生じうる尊厳を脅かす行為です。それは、いじめやからかいであったり、パワー・ハラスメントやセクシャル・ハラスメントであったりします。こうした場面で身を護るためには、環境をいかに整えるかという点といかに意識を変えて速やかに声をあげていくかという二点がポイントになります。そこでは、組織内の力関係が反映して声をあげにくくしたり、声をあげても無視されるという問題をきちんと見据えておく必要があります。

人の尊厳に対する意識とそれを侵害される危険が生じたときの対応が、生活単位ごとにできるようになっているかどうかという点が、厳しく問われます。また、個人としても、人としての尊厳を脅かされようとしたときに、ことばや身体動作によってきちんと対応する意識と技術とをもっておく必要があります。そこでは、ことばや身体によるコミュニケーションの力が求められます。

現実の場面を想定したシミュレーションは、人の尊厳に対する意識とどう行動するかを明確にするうえで極めて有効です。そして、人の尊厳を脅かす行為に対しての意識を高めることは、自分がそうした行為をされないようにするにはどうしたらいいか、されようとしたらどうしたらいいか、現実にされたらどうするかという点について、具体的にイメージできるようになることです。また、人の尊厳を脅かすような行為を自分がしないようにするにはどうしたらいいかをも考えさせるものです。

第四に、外からの接触による尊厳を脅かす行為です。これは、外からの働きかけによって騙されたり脅かされたりして、貴重な金を取られたり、借金を負担させられるといった行為が典型的です。個人として明確に拒否しないことで、ずるずると意に染まないことをやらされることもあります。

そこでは、相手方と対峙するコミュニケーションがことばでも身体的にもとれることが極めて重要です。話をする必要がこちらにないときには、話をすること自体を断わるといったコミ

ユニケーションです。すぐ断わるのは失礼ではないかとか、一応話を聴いて断わろうとする人がいますが、そうした態度は、働きかけに応じるかもしれないという誤ったメッセージを相手方に与えます。話をすることで相手方のペースにはまってしまい、なんとなく相手方の申し出を了解してしまうということも多いのです。この点では、相手方と対峙するコミュニケーションの方法を学ぶことが重要です。

また、外からの接触による尊厳を脅かす行為は、「詐欺商法」などで類型化されていますので、今現在どのような行為が行われているかについて情報を収集しておくことも有効です。たとえば、「オレオレ詐欺」「振り込め詐欺」「リフォーム詐欺」「融資保証金詐欺」といったことばは、そうした類型を示すものです。

このように、身を護ることが必要だとして想定した四つの場面について、共通することは、人の尊厳

に対する明確な意識です。それがあることで、人の尊厳を脅かす行為に対する怒りも毅然とした態度もでてきます。また、そうした行為を自らしないという意識も明確になってくるものです。そうした意識のないところで、どのような技術論を論じたところで、身を護るということは非常に限られたものにしかならないでしょう。

　身を護る力の源泉は、社会的な地位とか相手方との人間関係とかに関係なく、人の尊厳という超えてはならない一線があるということをきちんと意識できているかどうかです。そして、それを脅かす行為に対して怒り、毅然とした態度がとれるかどうかです。

　このような意識と行動についての基本を元に、具体的な場面でどうするかということになります。現実の場面でどうするかは、具体的場面をシミュレーションして、取るべきことばや身体動作を行いそれを検証するということです。自分で検証していくのですが、もし、外の人も交えて検証する機会があれば非常に有効です。

❖逃げるということについては

前に言いましたように、「三十六計逃げるに如かず」ということばがあります。どのようなはかりごとも逃げるにはかなわないということです。特に、身を護るということは、一刻も早く安全な状況に至ることが第一です。したがって、相手方を逃がしてはいけないとか、反撃したいといった点は二の次で、逃げられるのであれば、何をさしおいても逃げるべきです。

また、金を渡すなど、自分の安全を護るための取引であれば、それに応じることは、止むを得ません。ともかく早く逃げるべきです。そして、逃げるためには、相手方に嚙み付いたり、相手方の目を突いたり、あらゆる行動をすることが許されます。

逃げる行動は、瞬時にすべきであり、時間が経過すると難しくなっていきます。逃げても追われるということがあるかもしれませんが、後は逃げる意思と追う意思の強さの問題です。もちろん、逃げ足が速いに越したことはありませんし、いざというときのために、走る訓練をしておくというのも正しい対処法です。夜、暗い場所でしたら、人のいる明るい場所まで逃げればいいのですから、そう遠い距離ではありません。それに、突発的に生じた危機状況で、思いも寄らぬ潜在的な力が発揮できるのも人の不思議さです。その点では、思いの必死さに勝るものはないと思います。

❖防犯ベルなどの道具は役立ちますか

防犯ベルなどの道具が想定している護身というのは、見知らぬ者からいきなり生命・身体・自由などを脅かされる事態だと思います。こうしたときに、果たして防犯ベルを携行しているか、携行していても鳴らせるかということです。また、鳴らしたことで何が期待できるかということです。

防犯ベルの発想には、防犯ベルを鳴らしたら誰かが助けに来てくれるという発想が前提にあります。しかし、現実の護身の場面では、周りに誰もいないことが多いと思います。また、ベルは鳴るだけです。防犯ベルの携行を忘れる人もいるでしょう。こうしたことを考えると、自分の身体を使った方がはるかに有効です。

第一に、自分の身体を置き忘れてくる人はいません。いつも自分と一緒です。

第二に、大声を出したり、「火事だ」とか「どろぼう」とか状況に応じてメッセージを即時に出すことができます。

第三に、抵抗のための身体行動を直ちに起こすことができます。

もちろん、大声を出す訓練や抵抗のための身体行動をどうするかといったことはありますが、自分の身体を使った方がはるかに有効ですし、現実の状況に応じた対応が可能です。決定的なのは、防犯ベルを鳴らすまでの時間の空白です。防犯ベルを鳴らそうとする行動の間に、物を投げつけて逃げたり、相手方を制御してしまう機会が失われてしまう可能性が高いのです。

防犯ベルというのは、子どもたちに配布することで大人が安心するための精神安定剤でしかないと思います。何もしないと不安なので薬を飲んで安心するというのは、薬が有害でない限り理解できますが、防犯ベルは有害たりうるというのがわたしの見解です。それは、防犯ベルという道具への依存が身を護るという意識にマイナスの影響を与えないかという懸念です。「防犯ベル」といったとたんにベルが防犯機能を持つかのような幻想は、ことばのマジックでしかありません。そこには、ベルがあるだけです。防犯ベルというものはありません。子どもたちは、怪しい人を見たら防犯ベルを鳴らせば助かると考えて、防犯ベルを鳴らし続けたらいいのでしょうか。むしろ、瞬時に大声をあげたり、逃げたり、所持しているカバンなどを使用した方が護身にははるかに有効です。

コミュニケーションの力ということから考えた場合、身体的コミュニケーションの力が衰えた子どもたちが、簡単にナイフに手をだすように、護身が防犯ベルというのは、加害と被害の裏返しはありますが、物依存の裏表の感じがします。もっと言語的コミュニケーションや身体的コミュニケーションの力をつけて対応すべきです。

ところで、二〇〇六年五月に夜のＮＨＫニュースで、京都市内の子どもたちが大声をあげて、その大きさを測定する訓練をしている様子が報道されました。子どもたちの声が防犯ベルの大きさにまで達することが、コメントされていました。もちろん、声の大きさは人によるとは思いますが、大声を出す方が防犯ベルよりも実践的であることの理解が進みつつある証左ともいえます。

❖武道を習うと身を護れますか

最近読んだ本で最も刺激的な一冊が、『凶悪犯から身を守る本』（サンフォード・ストロング著、玉置悟訳、毎日新聞社、二〇〇五年）です。著者は、カリフォルニア州サンディエゴ市警に長らく勤務した後、ＳＷＡＴチーム（人質救出などに出動する特殊部隊）などの教官を務めた経歴を持つ人です。

この本の中で著者は、「凶悪犯から身を守るための必須条件とは、防犯具をたくさん持っていることでもなければ強靭な体をしていることでもなく、常に心の準備を怠らないことなのです」（一五頁）と指摘しています。そして、負傷するかもしれないという恐怖心を乗越え、極端なリスクをも負うという精神的態度を持つこと、もし犯人から襲撃されたら「直ちに」、「一直線に」、「爆発的に」行動することを求めています（三四頁）。

また、殺されないための四つの原則として、「直ちに行動せよ」「抵抗せよ」「犯行の第二現場はさらに危険になる」「絶対にあきらめない」を提示しています（七六―七七頁）。このうち「直ちに行動せよ」の部分では、凶器を持った襲撃者から逃れるベストチャンスは、最初の数秒間にあると指摘しています（七八頁）。

また、「抵抗せよ」の部分では、「意識を集中させる」、「直ちに、一直線に、爆発的に行動する」、「大声で、はっきりと叫ぶ」ことなどを挙げています（九一－九三頁）。

要するに、恐怖心を乗越えて、意識を集中して、抵抗する行動を直ちに一直線に爆発的に行動することを求めているのです。

また、暴力犯罪に対して効果のないものとして、防犯具を持ち歩く、女性のための護身術、抵抗しないことと並んで武道を習うことが挙げられていました。武道を子どもに習わせるのは、「練習に汗を流し、その結果達成したことから自分にプライドを持てるようになるためであり、身体的バランス感覚を育て、他人に敬意を払う心を養い、自己コントロールや自己鍛錬の尊さを学ばせるため」であるとし、「武道は、若者に身体的な痛みを体験させ、体を打たれるとはどういうことか、床にたたきつけられてもまた起き上がってくるとはどういうことか、などを学ばせるには素晴らしい方法です」としています（一九頁）。

このように、著者は、武道に敬意を払いながらも、通常行われている武道の練習は、犯罪から生き延びるためのテクニックを教えることを目的にしておらず、その効果もほとんどない（一九頁）と指摘しています。そして、大切なのは、「生き延びるための正しい心構えを持つ」ということに尽きるとしています。ここでいう「心構え」というのは、起こる可能性のある出来事に対してどう対処するかを前もって決めておくことによって得られるとされています（二六頁）。

また、真の勇気や人間の驚くべき行動は、よく訓練されたプロにだけ見られるものとは限らず、しばしば、ごく普通の人が非常事態に陥った時に、「助かるか助からないかは、自分の行動にかかっている」という事実を直視した時に現れると指摘されています（七八頁）。

この本の指摘する内容は、アメリカ社会を背景にしているとはいえ、現実の犯罪を基にしているだけに説得力があります。通常の武道はほとんど役に立たないという指摘は、護身というところから離れてしまった武道の現在の姿を映し出したものといえます。

ただ、著者の指摘される「直ちに」、「一直線に」、「爆発的に」という部分は、空手の技術において身体を一瞬にして戦う武器に変化させる過程と相通ずるものを感じます。護身の技術としての空手を目標とする観点からは、通常の空手の練習とは別に、色々な状況設定をして、危難を逃れるための意識の集中と身体動作を訓練していくことの必要性を改めて認識させてくれる本です。

❖恐怖をどのように乗越えたらいいですか

人は誰でも生命や身体などに危険が迫れば恐怖感が生じます。これは人が生き物であれば本能的なものであり、当然といえるものです。むしろ生命を護るための恐怖感といえましょう。

他方、恐怖感にとらわれて何も行動ができない状態になると、自分を護ることができなくなります。したがって、恐怖を乗越えることが現実的な課題として出てきます。

そのためには、身体の力を抜いてリラックスした状態になることです。呼吸を整えて「空」の状態になることです。そして意識を集中させることで、相手の動きに対応する自分の行動を劇的に展開することです。これも、そうした状態をイメージしたシミュレーションを繰り返すことで慣れていくしかないでしょう。

シミュレーションと現実は当然違いますし、もって生まれた気の弱さとか性格などの影響もあるでしょう。しかし、全く経験していないことに対する不安は、日頃からの心構えと、何よりも自分を護りたいという強固な意思によって少しずつ乗越えられうるものです。

こういう点からすると、気が弱い人と自覚している人ほど、現実場面を想定したシミュレーションによって自分のなすべき行動を決めて、心構えをきちんとしておくことが求められています。

❖環境を安全にすることでは解決できないですか

身を護るための要素として環境が重要な要素であることは間違いありません。しかし、環境というのは、人の尊厳を脅かす行為に遭遇しないようにするための予防的側面を扱うものです。したがって、環境が安全になって人の尊厳を脅かすような行為に出合うことが全くなければ、そもそも護身などを論じる必要すらなくなってしまいます。しかし、そうしたことがありえないことは、現実が雄弁に物語っています。要するに、環境がどんなに安全になっても、人の尊厳を脅かす行為がなくなることはありません。ですから、環境が安全になれば解決というふうにはならないのです。

個別具体的な護身のストーリーは、環境の改善とは全く別のところで展開します。他方、人の尊厳に対する明確な意識は、個別具体的な護身のための心構えを育てるとともに、環境を改善するための原動力にもなりうるものです。

❖被害にあった場合には、どうしたらいいですか

危険回避の方法を講じたのに、それが十分でなくて、万が一被害にあってしまったときどうしたらいいのでしょうか。この場合、どんな被害かという点がありますが、まず、被害を受けたことを警察など然るべき所にきちんと申告するということです。その被害が犯罪を構成する場合に警察に申告するのは当然です。この被害に対して沈黙していると、結局何も言えないのだなと値踏みされて、さらに加害行為が継続する危険があります。

内輪の問題にしないで第三者に申告するというのは、加害者に対して、過去の行為について責任をとってもらうとともに、将来の加害行為を予防するという機能があります。

犯罪を構成しない場合にはどうでしょうか。

この場合、加害者には、不法行為を原因とする民事上の損害賠償責任が生じている可能性があります。そうした請求をするのかしないのかは、被害者の自由ですが、果たして請求ができ

るのか、できるとしてどの程度できるのか、その方法にはどんなものがあるのかなどきちんとした情報をその事案に即して得ることが必要です。また、加害者への対応を直接的に行うとき、違った形で再び加害行為が行われる危険もあります。

したがって、代理を立てるかなど、加害者に対してどうするかについて、あらかじめきちんと相談して対応する必要があります。こうした相談は、事後的救済の方法に通じている司法関係者に行うのが適当です。また、DV（ドメスティックバイオレンス）などの被害については、NPO法人が活動していますので、そうした情報を集めて対処することが大切です。

❖子どもたちに留意することは

子どもたちは、これから大人になっていく発育途上にあります。この過程で身を護る力をどうつけていくのかが、護身の観点からの課題です。その中核は、人の生命や身体、自由など、人の尊厳に対する明確な意識です。人の尊厳を脅かしてはいけないし、また脅かされてはいけないということです。

脅かされていけないということは、もし人の尊厳を脅かす行為が生じたときには、それに対峙して、きちんとそれを防ぐということです。こうした力は、人の尊厳がかけがえのないものだという意識なしには生まれません。ですから、人の尊厳のかけがえのなさをきちんと理解してもらうことが、身を護る力をつける前提です。

人の尊厳のかけがえなさをきちんと意識していれば、自分が生命や身体、自由などを侵害されそうになったとき、これを必死になって護ろうとするでしょうし、日頃から、どうすればきちんと自分の尊厳を護っていくか、ということについて考えていくことに結びつくと思います。そして、自分の尊厳のかけがえなさを理解していればいるほど、他人の尊厳を脅かす行為はとうていできません。また、他の人の尊厳が脅かされる行為に対しても、黙って見過ごせないという感情が湧いてきます。

ところが、その逆に、生命、身体、自由など人の尊厳に対しての意識がなければ、自分がそれを脅かされることの重大性に気づきません。それでは、身を護る行動が生まれないことは当然です。また、人に対しても、人の尊厳を脅かす行為を平気でやっても、重大なことをしたという意識すら生まれないのです。

実際、人から誘われて簡単に犯罪に加担する者には、自分の尊厳が脅かされていることに意識がなかったり、あるいは、意識はあるが、抵抗ができないまま犯罪に加担する者がいます。自分の尊厳に対する意識の希薄さが、人の尊厳、被害を受ける側の尊厳に対する想像力を奪っているのです。こうした被害と加害の連鎖は、虐待の連鎖に通ずるものがあります。この連鎖を断ち切るためには、子どもの時代に人の尊厳に対する明確な意識を持つ教育がなされる必要があります。

ところで、人の尊厳についての教育の点で留意すべき点があります。よく、いじめを止めさせるということで、子どもたちに「みんな仲良くしましょう」という働きかけがなされ、教育目標とされることが多いように思われます。

しかし、ここで問われるのは、仲の良さを超えた人の尊厳であって、仲良くできない子と仲良くすることではありません。仲の良さとは関係なく、人として、してはいけないことを問うという視点です。

人の尊厳を人に対する好悪の感情のレベルで考えると、仲良くできない子は「みんな仲良くしましょう」の「みんな」ではないことになってしまいます。人の尊厳ということを仲がいいとか悪いといった次元で考えないことが、護身における人の尊厳を考える出発点です。

それから、もうひとつ指摘したいのは、身を護るための行動の力を鍛えていく基本は、コミュニケーション能力だということです。さらに、コミュニケーション能力については、言語によるコミュニケーション能力だけでなく、身体的コミュニケーション能力が重要だということです。身体的コミュニケーションについては、率直にいって言語によるコミュニケーションの補助的位置しか与えられてこなかったと思います。その意味内容を含め別項で論じますが、身を護るという点において、子ども時代に身体的コミュニケーションの力をつけることを真剣に考える必要があります。

加害者の側から見た護身

❖なぜ、人は暴力を振るったり、脅したり、騙したりするのですか

人が他人に対して、暴力を振るったり、人を脅かしたり、人を騙したりする基本にあるのは、人の欲求です。人は社会的な動物ですから、自分の欲求を実現するには、他人が自分の言うことを理解し、自分のすることに協力してもらうことが必要になります。それには、社会的なルールに則って相手方に了解してもらわなければなりません。

しかし、相手方が当方の言うことを理解するか、当方のすることに協力するかは、相手方の自由であり、その保証はありません。このため、相手方の理解が得られないとか、協力をしてもらえずに、自分の欲求が実現できないことがあります。そうした場合、通常であれば、他の方法を考えるとか、諦めるわけです。ところが、そうしたルールに従わずに、相手方の意思を無視したり、相手方の意思を歪めたりすることで、自分の意思を実現させようとする人が出てきます。

結局、身体的に攻撃を加えたり、脅したり、騙したりというのは、通常のやり方では自分の

欲求を実現できない、しかし何としてでも欲求を実現したい、そのために、相手方が正常な意思を働かせられない状況に置くようにコントロールしようというものです。こうしたメカニズムが加害者によって意識されている場合もありますし、明確には意識されていないこともあります。

また、欲求の種類も、金銭的欲求や性的欲求など様々です。しかし、いずれにしても、相手方を不当に支配しよう、コントロールしようというのがこうした行為の動機にあることは間違いありません。この点について、「毎日新聞」ロサンゼルス支局國枝すみれ氏の「風に吹かれて」というコラムに「レイプ被害公開する女性」という一文がありました。その内容は、レイプ被害者が堂々と語り出したことを紹介するものでしたが、わたしには、「米国では六人に一人が性犯罪の被害者という。少しも驚かない」という書き出しの方が衝撃的でした。人の実感を通して出された表現の方に社会の息遣いを感じるからです。

また、長崎県の「NPO法人DV防止ながさき」が二〇〇四年に行った調査では、女子高校生の一〇パーセント、女子大生の一四パーセントにデートDV被害経験のあることが報告されています。米国社会と日本社会を単純には比較できませんが、人が他人を不当に支配しようとする現実を見据える必要があります。

❖加害者はどのような人をターゲットにするのですか

人である限り誰しもターゲットになりえますが、意識的に欲求を実現しようとする人たちは、ターゲットとなりやすい人を物色するのも事実です。実際、恐喝事件の加害者などは、誰を狙うかを考えて実行しています。目的は欲求の実現ですから、それが容易であるところを狙うのは、ある意味当然です。

殴られやすい人、脅されやすい人、騙されやすい人というのは、加害者側からの表現を使うと弱そうに見える人ということになります。私は、恐喝事件の弁護人をするときなど、「なぜ彼を狙ったのか」ということを加害者に聞くのですが、加害者から「弱そうだったから」という返事を得たことが何回もあります。弱い人を狙うのは卑劣です。この卑劣であるということを子どもたちにきちんと教える必要があります。同時に、被害を回避する護身の観点からは、弱いように見えないこと、また、殴られやすい人や脅されやすい人、騙されやすい人にならないための方法を考える必要があります。

また、加害者がターゲットとするのは、加害を実現させようとする場所に来る人たちですから、そうした場所を回避することが、ターゲットから離脱する道でもあります。

❖加害行為をさせないようにするには

加害行為をさせないためには、相手方が当方の尊厳を脅かすような行為をしようとした場合、それに毅然として対応することです。そのためには、どんな行為が自分の尊厳を脅かす行為なのかをきちんと把握しておく必要があります。

相手方がことばで脅迫や騙しの行為をしてきた場合、いやなものはいやだということをきちんと回答する必要があります。ここから先は、入ってはいけない領域であることをきちんと相手方に理解させることが必要です。もう面倒だからと言って、相手方の要求を呑んでお茶を濁すようなことはしてはいけません。

それから、こうした脅迫や騙しの接触があり、自分だけで処理できないと考えたら、できるだけ早く、周りの信頼できる人にきちんと相談することです。友人と考えていた者から脅されたり、騙されたりする場合、どうしても大人に相談することに躊躇しがちですが、脅しや騙しをするような、そう感じさせる接触をする者は友達でないことは明らかです。

次に、暴力の場合です。

暴力沙汰になりそうな場面には出ないということが一番ですが、理不尽な暴力にあいそうな場合には、逃げるか、それができない場合には、身体的に対応するしかありません。

身体的な対応については、様々な状況を設定して、それを切り抜けるシミュレーションをしておく必要があります。これについては、後述の「護身とコミュニケーション『からだによって身を護る』」（一三一頁参照）で一定の類型を出していますので、参考にしていただきたいと思います。

❖加害者にならないようにするには

加害者にならないようにするには、まず、人の尊厳に対する認識があります。自分の行為によって人の生命や身体や自由などが侵害されたり、脅威に曝されること、それがどのような意味を持つかについての想像力を持つことです。これは、自分の行為が相手方から見たらどう映るかというように、自分を相対化することでもあります。

たとえば、ナイフを携帯する心情のなかには、自分が脅かされていると感じ、自分を護るために所持するんだと理由をつける場合があります。しかし、ナイフを携帯することは加害行為を準備していることです。このように、自分の行為を他人の眼で見て相対化することが必要です。

次に、加害行為がどうして起こるかをきちんと理解することです。それは、自分の欲求を実現したいという思いと、正常なコミュニケーションでは自分の欲求が実現しないという認識が出発点にあります。暴力を加えたり、脅したり、騙したりしなければ自分の欲求を実現できないというのは、正常なコミュニケーションへの自信のなさや諦めの裏返しであり、まさに敗北者の思考方法です。

また、できないことを自分の側の努力の不足とか、やり方のまずさではなく、相手方に責任を求める思考方法があります。相手方の被害を伴う形でしか自分の欲求を実現できないというのは、社会的に受け入れられません。それどころか、犯罪行為として排除されるものです。

結局、加害者にならないようにするには、自分の欲求をコントロールし、自分の欲求を実現するためのコミュニケーション能力を磨いていくしかありません。実現できない場合には、諦めることも大切です。

ただ、現在の社会は、「物を買いましょう」という大キャンペーンを至る所でやっている社会であり、欲望が刺激される場に比べると、そのコントロールを教えられる場が決定的に少ないという特徴があります。自分を磨いていくという強い意思がないと、社会の風潮に流されてしまい漂ってしまいかねません。

相手方をコントロールするのではなく、自分をコントロールするということ、これが加害者にならないための基本です。特に、子どもたちは、一生自分と付き合っていくのですから、欲望に刺激される自分とは別に欲望をコントロールする自分というのを創り出すことが重要です。

❖加害者にならないための自分への問い

事件を起こした少年に、他人に被害を与えることを悪いと思わなかったかと問うと、悪いとは思っていたと答えるのが普通です。現実には人の尊厳を踏みにじる行動をしているわけですから、そうした思いを乗越えてしまう行動の契機があったことは確かです。

それは、何が欲しいとか、仲間を助けたいといった特定の目的があるものに限りません。単に、仲間はずれにされたくないといった消極的なものもあります。その特徴は、自分や自分の交友関係といった所属する側からの発想で占められ、被害を受ける人の尊厳に対する想像力が決定的に不足しているということです。

知っているか知らないか、親しいか親しくないか、好きか嫌いか、男か女かなどを問うことなく人には尊厳があって、それを踏みにじることはできないという強い意識があれば、たとえそれがどのような関係の人から、人の尊厳を踏みにじる行動への同調を求められても、それを拒否できるはずです。そのためには、自分の中で、人に被害を与える行動をしようとする自分とそれを回避しようとする自分とを対決させて、被害を回避しようとする自分が勝利するシュミレーションを作りあげていくことです。

自分の行為の意味について、心の中でことばを用いて思考する習慣をつけ、具体的場面において、「その行為はおかしいではないか」という疑問の声が自分の心から発せられるように回路を作っておくことが求められます。他人に依存するのでなく、自分で適切な判断をするには、心との対話を通してしかありません。そこで、人の尊厳についての価値から逸脱した行為を制御せんとする声は、言語的コミュニケーションの力です。

このように、加害者にならないための護身には、ことばと心とが重要な働きをしています。ところで、およそ人に被害を与える行動をしようとする自分など想像できないという人もいるかもしれません。しかし、欲望や力や複数の価値が交錯するところでは、人の尊厳を踏みにじる行為を前にして、揺れ動くという多くの現実があります。

友達からいっしょに恐喝をしないかと誘われて、「少しぐらいならわからないのではないか」とか「断ったら、自分が憶病者と思われるのではないか」「皆に何を言われるのかわからないのでこわい」とか「友達から嫌われたくない」などといった心情です。

このような場合でも、人の尊厳を踏みにじる行動を断固として拒否する自分が勝利することをシミュレーションして明確にしておけば、誘いがあっても断われるはずですし、自分からそうした行動はとれないはずです。

その基本は個としての自分を問うことです。

人には自分の居場所なくして生きていくことが厳しい現実があります。そのため親しい者や力ある者からの誘いは断わりにくいのです。また、様々の欲望に取り囲まれその刺激を受けています。しかし、それらを押しのけ拒否しなければ、人の尊厳を踏みにじる加害者になりかねません。

❖加害者にならないために必要な間《ま》

人の生命や身体などを侵害してしまおうという欲求があったとしても、それを実現させると他人や自分の尊厳を根こそぎ奪ってしまうという結果を想像して、自分の欲求や暴力性をコントロールできれば、加害者にならずにすみます。現実の事件は、みんなそれに失敗しているから事件になっているわけです。

コントロールというのは、抑圧することではありません。抑圧すれば、それが臨界点に達したときの爆発するエネルギーは、すさまじいものになりかねません。暴力性をコントロールするというのは、自らの暴力性に向き合って、それを飼いならすということです。対象化するという言い方もできると思います。

おとなしいと思われている子がいます。このおとなしい子というのは、暴力性がないように見えるかもしれませんが、身体的発現が妨げられている分、抑圧されている可能性があります。

暴力性のコントロールというのは、身体的コミュニケーションの課題の一つでもあります。性的暴力を含めて自分の暴力性をどう飼いならしていくのかというのは、すべてに当てはまるとは思いませんが、思春期の男子には必要な視点だと思います。

もう一つ指摘したいことは、暴力的衝動から自分を守る方法は、離れるということです。これは、護身の基本が間を取るという原則にも則っています。心理的に煮詰まった関係も、時間的・空間的に間合いを確保することで、緩衝地帯を設けることができます。

この点では、家族のなかで耐えられないと感じたとき、家出するというのは、家族との対立を相手方の尊厳を脅かすことなく回避する方法といえます。ただ、家出するにしても、家を出るエネルギーや行き先との社会的つながりが求められます。それがなければ、家の外に間を作ることもできません。家の中に押し込められたままであれば、家や家族に対して直接破壊のエネルギーが向かう危険があります。家とか学校以外に逃げ場としての広場が必要ではないか、それは空間的にも心理的にもそうです。効率性によって組み立てられた仕組みの弱点は、煮詰まったときの逃げ場としての間がないことです。個人としても、社会としても考える必要があると思います。

❖加害者になることを回避することも護身

加害者になれば、民事的な損害賠償責任を負わなければなりません。また、場合によっては刑罰に処せられるでしょう。犯罪は社会の敵ですから、犯罪を繰り返せば、社会に居場所はなくなってしまいます。

こうしたことは、人の尊厳に照らすとどうでしょうか。

刑務所に入れられるということは、自由の剥奪です。また死刑ということになれば、生命を合法的に奪われてしまいます。加害行為によって招来されることは、被害者に対して生命・身体・自由などを侵害するだけでなく、加害者自身も生命・身体・自由を奪われることになるのです。当たり前のことですが、もし、加害行為がなければ、被害者も加害者も身を護ることができたのです。いやそれだけではありません。被害者の家族は、被害による精神的打撃を受けますし、加害者の家族は、加害者との関係によって社会からの制裁を受けてしまいます。

こうして見ると、加害者にならないようにすることが、自分や家族の身を護ることになるといえます。

また、加害者の中には、脅されて仲間にさせられた者など、被害者の側面がある場合もあります。もし、その脅された被害を早い段階で防いでいれば、次の段階の被害にまで至らなかったといえます。こうしたケースでは、その共犯者が被害者になることを早い段階で回避していたら、加害者にならなくてすんだと指摘できます。

護身における間合いの感覚と間の喪失

❖間合いの意味について

次に、護身を考えるうえで、間合いということがどのような機能を果たしているのか、それが現代においてどう変容しているかを考えたいと思います。

護身の基本は、危険なものから距離をとることです。この距離というのは、空間的な距離です。しかし、日常生活をしていくうえで、何が危険なのか最初から自明なわけではありません。また、たとえ危険であっても、敢えてやらねばならないこともあります。その場合でも、危険の可能性をどのように減らしていくのかということは、当然出てきます。最近はやりの「リスクマネジメント」というのも、リスクは当然あるとすれば、それを管理していこうという発想です。

ただ、ビジネスの領域と違い、個人のサバイバルの観点からは、危険なものから距離をとるという基本は重要です。これは、どんな時、どんな場所が危険であるかということを認識して、そこに近づかないということを示しています。

また、距離の感覚は、自分の行動位置と他の行動位置の時間的な変化を予測することで、平面的な空間の関係から空間的・時間的のものになります。たとえば、道路を歩いて横断するときに、道路を通行している車との位置関係は、時間的に変化していくわけです。その場合、自分の歩行速度と車の進行速度の変化によって、衝突の現実的危険性が明確になります。衝突の危険があれば、歩行速度を速めるなり緩めるなりの調節をしなくてはいけません。

現在は車社会になって、横断歩道や信号によって交通規制されているところが多いのですが、その場合でも距離感覚がないと危険です。信号無視や、歩いている途中で信号か変わるなどのリスクは残ります。

横断歩道上の事故や青信号で渡っているときの事故が意外に多いのは、交通ルールを守っておれば安全であるという思い込みによるところがあると思います。しかし、現実の危険というものは、その隙をついてきますので、距離感覚を子どもたちに教えることは大切です。特に、最近の子どもたちは、小さい頃から車で移動し、自分の身体で距離感覚を磨く機会は昔に比べると格段に低下しています。

また、自分から見えるからといって、相手から見えるとは限らないという点や、自分から見えないから、そこに人がいないとは限らないという相対性の認識も重要です。思い込みが強いと相対的な意識が生まれず、自分の見える範囲でしか認識できず、想像力が乏しいものになってしまいます。特に車で移動してばかりいると、歩行者として距離をとっていくことや、歩行者からみたらどう見えるかという感覚がわからなくなってしまいます。最近、歩道を猛スピードで走行している自転車を見ると、ビルから人が出てくることを頭に入れているか疑問に思いますし、それがお年寄りだったらどうなるだろうかと思います。

距離の感覚という点では、自分の手の長さや足の長さすら知らないのが、現代の子どもたちの特徴です。恐らく、子どもたちは自分の身長が一メートル何センチかは知っています。しかし、自分の足を横に上げた時にぶつからないようにするのは、どの程度の距離をとればいいのかは知りません。

わたしが教えている空手スクールにおいて、子どもたちは、入会したばかりの頃は並んで手を横にあげると、みんな横にぶつかってしまいます。近すぎるのです。相手方がふいに殴ってきたときに避けられる距離はどの程度なのかということ、危険を回避するための距離はどの程度かということは大切なことですし、それぞれがその距離を身体的につかんでいくことが必要です。

❖武術の訓練と間合いの感覚

武術における間合いは、相手方の攻撃が当方に届かず、当方の攻撃は相手方に届くという位置を探ることです。護身の観点からは、相手方の攻撃が届かない距離が重要になります。この場合、相手方の攻撃が届かない距離というのは、当方が何もしなくても一撃では届かない距離と当方が退却すれば届かなくなる距離の二つがあります。前者は、一応間合いの外ですが、後者は相手方の間合いの範囲内で、防御をすることによって安全を確保できる距離ということになります。

武術の訓練を護身の観点からみると、相手方の攻撃を回避する距離を確保する訓練、ということができます。これは、同時に、自分を防衛するための有効な反撃が可能な距離を確保する訓練です。相手方の攻撃が当方に届かず、当方の攻撃は相手方に届く位置というのは、双方の動きのリズムやスピードという時間的変化を前提にして初めて可能になる間合いの観念です。その点では、双方の力量に依拠しており、相対的なものです。武術の訓練は、この繰り返される間合いの位置取りを通して、護身のために必要な距離感覚を磨く役割を果たしていると考えています。その感覚は現実に体験して感得してもらうしかないものです。

動物の距離感覚

動物の距離感覚という点では、アフリカのサバンナ地方で見られる光景に印象深いものを感じています。広い平原にライオンとシマウマなどが一緒にいるシーンです。もちろん、ライオンとシマウマとの間には一定の距離が保たれています。シマウマとしては、どの距離までが安全かを当然感じ取っているはずであり、ライオンの動きの変化があればそれに即応するはずです。シマウマは、自分とライオンの足の速さを計算して、どの程度離れていれば安全かを感じ取っていると思います。群れとして、これまでの体験から得られた経験知が伝えられているはずだからです。

それから、動物の距離感覚は、獲物に近づくまでのゆっくりした動きと獲物を攻撃するときの素早い動きとのスピードの落差に現われています。その分岐点がまさに間合いですが、間合いの外と内の劇的な違いこそ、護身の動作を考えていくうえでの基本だと思います。

❖空間的・時間的間合いと心理的間合い

「去るものは日々に疎し」ということばがあります。空間的に離れてしまえば、時間の経過によって心理的にも遠ざかってしまうということを示すことばです。人と人との関係における空間と時間と心理の一般的関係を示しています。

しかし、例外的にというか、人と人との関係においても、空間的距離や時間の経過だけでは心理的関係を断ち切れない場合があります。双方がそうであれば止むをえないのですが、一方だけがそうであれば、他方に大きな心理的負担を掛けることになりますし、片方の行動によってはストーカー行為にもなりかねません。そうすると、護身の面でも大きな問題になります。ストーカーというのは、人の持つ執着というネガティブな側面の問題ですが、その対象となった人にとってはたまったものではありません。この部分では、人の心理に即した適切な対応が必要です。

また、間合いを心理の側面から見ると、空間や時間が人によって違うように見えるということがあります。たとえば、同じ距離内にいてもある人は近くに見え、ある人は遠くに見えるということです。また、相手方が当方に到達する時間についても、同じ時間であっても、ある人には早く感じ、ある人には遅く感じるということがあります。それは、感じる側の当方の心理状態が投影したといえますが、他方、相手方の持つ何らかの力がそれに投影したともいえます。

実際、当方の力が相手方より勝っていると確信すると、ある程度余裕を持って相手方との距離を近くして間合いをとることができますが、相手方が強い場合には、相手方との距離を相当とらないと、攻撃されるのではないかとの恐怖が生じます。

双方が相対した場合、双方の心理的状態を反映した間合いの攻防がなされているわけです。護身の観点からすると、双方が相対した場合に、相手方の攻撃を制御し、自分の反撃を成功させる位置取りが求められます。相手方はそうさせまいとして、当方の間合いを崩し、自分の間合いにて攻防しようとします。こうした相対性が双方の対戦場面の現実です。

しかし、このような双方のやりとりに身を委ねると、その結果は状況しだいということになりかねません。護身の立場からすると、状況次第などというリスクは到底負えません。試合は勝つか負けるかで、負けても次に頑張ればよいのですが、護身においては、勝ちも負けもありません。自分の身を護れるかどうかという点のみです。

要するに、護身の立場からすると、リスクをできるだけ少なくして有効な行動をとることが求められています。そのためには、プライドや自己の権利を踏みにじる相手方への怒りによって、攻撃される恐怖を乗越えることが必要です。そうすることで、相手方に対して、心理的に優位に立つことができます。恐怖心があまりに強いと身体が動かなくなるからです。また、そこに身体技術が加われば心理的優位性はさらに強固なものになります。そして、プライドや相手方への怒りは、しばしば身体技術の稚拙さなど吹き飛ばしてしまいます。

下手に自分は強いなどと思っていると、貴重な時間を浪費してしまいます。実際、護身においては、瞬時に爆発的な行為をとることが求められています。強制猥褻事件などで被害者が後に振り向き、肩に掛けられた手を噛み付いて難を免れたというケースを先に紹介しましたが、その女性は武術などの経験は全くありませんでした。しかし、肩に手を加えられた瞬間に振り向いて噛み付き相手方に苦痛を与えて犯罪を断念させていますから、そこでとられた行動は、護身の理にかなったものでした。

❖護身において求められる身体技術と間合い

護身において求められる身体技術は、瞬時に劇的な行為をとることです。大声をあげるとか、噛み付いて劇的な苦痛を与えるなどそのひとつですが、相手方を振り解いたり、相手方への打撃によって闘争意欲をなくさせるというのもそのひとつです。もちろん、相手がナイフを持っている場合には、ナイフを取り上げるなどの行為をする必要があります。

いずれにしても、瞬時に短い距離にて相手方に劇的な力を加える技術が求められます。瞬時というのは、時間が経過するほど相手方の支配する力が強まるからです。たとえば、相手方から手を握られた場合、その瞬間が手を離すのに最も力が要りません。そのままにしていると、反撃がないと認識されて、さらに次の行為へとエスカレートする可能性があります。劇的な力という点では、火事などの非常事態に、日常では考えられない大きな力を出すことが語られます。それは人にそうした力があることを示しています。

また、後ろから身体に抱きつかれたり、上からのしかかられたりして、身動きがとれないように思える状況においても、身体の余分な力を抜くことで、小さな空間を作ることができます。わずかな空間と短い時間で劇的な力を加える技術は、最終的には空間がなくても、瞬時に身体全体の力を身体の一部を通して相手方の身体の特定点へと伝える技術に昇華されることになります。

間の喪失の時代

護身にとって、身体感覚と間合いというのが非常に重要であることを述べてきました。しかし、現代社会は、それを切り捨てる方向でひた走ってきました。その綻《ほころ》びが現在、様々なところに出ているように思えてなりません。

護身において間合いが非常に重要な役割を果たしているという観点からは、そうした認識をきちんと持って、間を確保していくことが極めて重要であると思います。それは、個人的レベルでも社会的レベルでもそうです。どんなに環境を整えても、個人にその意識がなければ難しいでしょう。

しかし、個人でどんなに頑張っても、環境が悪化すれば非常に危険が多くなります。護身が語られるようになったのは、間が失われてきたことの反映という側面を持っています。護身を語らないでいいような社会を目指しつつ、護身を語るという複眼的な視点です。それは、警察官を増やすといった治安の視点ではなく、生活の視点からのものです。

❖身体感覚希薄化と間

公立小学生の学校内暴力の数は二〇〇五年度二〇一八件で、前年度から六・八パーセント増え、過去最多であることが文部科学省の調査でわかりました。特に対教師への暴力は三六・一パーセント増の四六四件で、三年連続で増加率が三〇パーセントを超えたということです。

このような子どもたちの暴力は、身体感覚による間の取り方がわからないことによる混乱と思われます。身体感覚が希薄化したことによって、バランスのとれた身体的対応ができず、むき出しの暴力による発信しか出さない子どもたちが増えているということです。

子どもというのは、社会の鏡であり、子どもたちを見ることで、現代社会が獲得してきたこと、そして喪失してきたことを知ることができます。小学生というのは、いまだ言語によるコミュニケーション能力は高くありません。それで身体による発信が多いわけです。身体による発信というのは、身体的コミュニケーションによってなされます。

この身体的コミュニケーションというのは、人とどう向き合うのか、人との間を身体的にどう取るのかといったコミュニケーションの基本に属する部分です。そして、この部分は、テレビや情報機器では伝わらない人から人へと伝えられる領域といえます。

しかし、家庭の構成員が少なくなったことや、地域との交流の希薄化などによって、子どもたちは色々な人と、身体と身体を通して交流したりぶつかり合う機会が、圧倒的に少なくなりました。そうした機会を通じて、身体感覚によって人との間の取り方を学ぶことができなくなったのです。

間の取り方とか場の雰囲気を察するといったことは、身体的コミュニケーションに属することで、同じことを言うにしても、いつ言うのか、というタイミングが問題になります。そうしたことがわからないと、自分と周囲の間にトラブルが起こりがちになります。子どもはそれを身体で発信するのです。子どもの暴力は、身体的コミュニケーションの延長にあると考えられます。

身体的コミュニケーションの軽視は、どうしていいかわからない子どもの暴力という形で現れています。このつけは、子どもが大人になってから、自分は悪くない、全て周りが悪いという認識で、他人をことばや身体で攻撃する人を増やすというかたちで、社会が払わされるのではないかと危惧します。

❖空間的な間の喪失

現代社会が身体感覚を希薄化してきたという事実を直視し、そのもたらす否定的影響を認識していくことが重要になっています。

現代社会の空間的な間の喪失の象徴として、満員電車があります。知らない人が身体と身体をくっつけあうということは、人の本来的に持つ間の身体感覚を麻痺させなければできないことです。本来確保されるべき空間が一定時間といえ否定されることで、それを受け入れるためには、身体感覚を希薄化させて麻痺させるしかないのです。一定時間に大量に人を輸送するには、満員電車は効率的ですが、そのつけが、痴漢とか痴漢冤罪です。

どのような状況にせよ、痴漢はいけないし、痴漢の冤罪も許されないことです。しかし、そのことで、恒常的に満員である電車の状態を異常だと感じる感覚を失ってはならないと思います。

護身という立場からは、これほど危険に満ちた状況はありません。「痴漢にあうか、痴漢冤罪にあうか」、いずれの危険性も回避できない状況です。

❖時間的な間の喪失

現代社会において時間的間の喪失の象徴は、過労死だろうと思います。

人は労働しますが、それは一定の時間に限られています。寝る、食事をする、排泄をする、休息をする、運動をするといった時間がありますし、家族生活などのプライベートな時間も必要です。それは、人が社会生活を送っていくうえでの時間的な間です。いわば暮らしの時間です。もし、それが否定されると、人は身体的・精神的に変調をきたすでしょう。そのサインはまさに正常な身体感覚によるものです。まさに、自分の身体を護るための身体の反応なのです。過労死や過労自殺は、そうした身体感覚を否定して働き続けることによって起こります。そして、許容限度を超えている働き方を続ければ、身体からのサインも出なくなってしまいます。その代わりに死への道を走ることになるのです。

それもこれも、身体感覚を否定した働き方に問題があります。会社も働く人を拘束する時間という間を守らなければなりません。働く人もそうです。時間という間を確保することで、初めて自分の身体を護ることができるのです。

❖心理的な間の喪失

身体感覚の希薄化と空間的・時間的間の喪失によって、心理的な間の感覚にも変容が生じました。交通機関の発達が空間的間を時間的間に変え、情報技術の発達は、時間的間をも一瞬のものに変えてしまいました。そのために、心理的な間の感覚の身体感覚からの遊離と心理的な間の感覚の肥大化という現象が生じることになったのです。

昔は、「去るものは日々に疎し」であることが自然に受け入れられました。空間的な距離が離れて時間が経過すれば心理的にも間が生じて遠ざかっていったのです。しかし、情報技術の発達は、どんなに空間的に離れても、時間が経過しても、瞬時にコミュニケーションをとることを可能にしました。

それは、同時に、本当は距離があるのに、それがないかのように錯覚する機会を提供することにもなったのです。このような心理的要素の肥大化は、身体感覚の希薄化が進行すればするほど、進んでいくように思います。ストーカーはその典型です。もし、身体感覚が正常に働けば、自分が受け入れられるかどうかがわかるはずです。しかし、身体的コミュニケーションに問題がある人は、そういう察知をすることができないのです。人と直接的に向き合うことで鍛えられる身体的コミュニケーションの力は作動せず、ひたすら自分だけの心理的な間の感覚のみで対象に向かっていくことになります。それは、自分も相手をも破壊してしまう可能性のある危険性を含んでおり、護身という立場から大きな問題となります。

❖身体感覚と間の復権への道

身体感覚と間の確保というのは、二つの側面から見ていく必要があります。一つは、環境です。環境は、特定の人を中心に、家、地域、学校、企業、社会と広がっていきます。そこでは、生じている問題に対して、身体感覚と間の確保の観点からの改善策を、そこに関わる人が知恵を出していくしかありません。

もうひとつは、本人です。本人の側で身体感覚と間の確保をできるように、自分を磨いていくという側面があります。そのために何をするのかというのが次の問いです。

答えの一例は、身体を表現する演劇などの芸術とか、身体と身体との直接的対応が技術化された武道・武術や身体の技芸をすることだと思います。その場合、競技者の優劣を問う相対的なスポーツ的要素ではなく、本人の力に応じて獲得しレベルアップしていく絶対的文化的要素が重要です。

いずれにしても、現代社会が限りなく求めている効率性というのは、ある意味で空間的・時間的な間を少なくしていくことです。もし、個人がそれに適応しようとして、自分の間をどんどん削っていけば、自分の身を護ることはできなくなります。

しかし、人の尊厳を確保するためには間が不可欠です。社会的にも個人的にもそうです。このことを正面から考える必要があると思います。

護身とコミュニケーション

goshin to "communication"

身体的コミュニケーション

❖「身体的コミュニケーション」をどのように理解していますか

コミュニケーションというのは、意思や感情の伝達が目的で、その主要な手段は言語だというのが、一般的な理解です。このため、身体的なコミュニケーションは、非言語的なコミュニケーションの一つとして位置付けられています。そして、相手方の身体的動作や表情などから相手方の意思や感情を読み取ったり、身体動作や表情によって当方の意思を伝達することがその内容になります。

この内容は、ことばの明確さに比べると曖昧さが残ります。そのためコミュニケーションの手段としては、身体はことばの補充的役割しか与えられてきませんでした。しかし、ことばは論理的で明晰ではありますが、同時に生じたことを表現するには一度にはできず、時系列的に説明をするしかありません。また、ことばは当方の意思を伝えることはできますが、相手方が不当な行動に出た場合に、これを必ずしも食い止めたり排除することはできません。

そこで、相手方が身体的な行動に出た場合に、当方がそれを身体的に受容したり拒否を示す行動は、当方の意思を身体にて表現し、相手方に伝えている点において、コミュニケーションの手法の一つといえます。

相手方が身体的に対応してきた場合には、当方にも身体的に対応することが求められますが、それは身体的コミュニケーションであるということです。そして、身体的コミュニケーションの特徴は、感情や意思を伝達するだけでなく、その意思を積極的に実現させる側面がある点です。

コミュニケーションというのは、仲良くする場面だけでなく、喧嘩をする場合にも交わされますが、人の尊厳が脅されている場面で、それに対抗するには、身体の果たす役割は決して小さくありません。暴力はいけないからといって身体的対応の力をつけさせないと、一方では刃物に頼ろうとし、他方では暴力に対応できないことになります。

❖なぜ身体的コミュニケーションが重要なのですか

身体的コミュニケーションによって、相手方の身体的動作や表情などから相手方の意思や感情を読み取ります。この点、相手方がことばで言っていることと、心で考えることとの間が一致している場合には、ことばによるコミュニケーションによって相手方の意思や感情を知ることができますので、結果的に身体的コミュニケーションの役割は表に出てきません。

しかし、相手方がことばで述べていることと真意がずれている場合には、身体的コミュニケーションによってそのことを見抜くということが必要です。

現実に身を護るという状況には、相手方が真意をぼかしたり偽ったりしてことばをかけてくることがあります。したがって、それを見抜くためには、ことばによって示されている意思や感情が、心からのものであるかどうかを検証する必要があるわけです。どうもおかしいなという感覚は、相手方の身体から発せられることば以外の信号をキャッチすることで得られます。それが、まさに身体的コミュニケーションです。

「振り込め詐欺」が現代的犯罪であることの一つの理由は、身体性が消され、身体的コミュニケーションが働かない状況を作り出し利用している点です。

次に、相手方の身体的意思をもった行動に対しては、ことばだけでは身を護る方法として十分ではないということです。

具体例を出して説明すると、ある人から突然手を握られたとします。そのときいやだとすれば、「何をする」とことばで返すのが一つの対応です。それによって相手方が手を離せば、双方のコミュニケーションとして完結します。それは「手を握るぞ」、「いやです」、「わかった」という双方の意思の伝達がなされ、了解に達したということです。

しかし、相手方が手を離さない場合には、「手を握るぞ」、「いやです」、「手を離さない」という双方からの意思の伝達は、そこで膠着《こうちゃく》してしまいます。別のことばで言うと、「いやです」、「手を離さない」という双方の意思がお互いに無限に飛び交う状態になってしまうのです。

こうした状態が身を護る観点から非常に危険であることは、明白です。それは、当方の意思が実現されず、当方の意に反した相手方の意思が実現した状態を身体的に許しているからです。こうした状態になっている原因は明白です。それは、「いやです」という意思を伝えるのにことばのみによって返しているからです。

相手方は「手を握るぞ」という意思を、手を握るという身体動作によって示し、それを実現しています。そこでは、身体的に意思が伝達されその意思が実現されているのです。したがって、それがいやならば、「いやです」という意思を手を離す方法によって身体的に伝達し、それを実現させなければなりません。要するに、身体的に示された意思に対しては、身体的に返答をしないと返答としての目的を達し得ないということです。身体的に示される意思には、その意思を伝達するだけでなく、その意思を身体的に実現させてしまうことがあるからです。

実際、身を護ることが現実に問題になる場面というのは、相手方から身体的に示される意思というのが当方に何らかの危害を与える意思で、それを身体的に実現しようとすることが多いのです。

さらに言えば、相手方が手を握ろうとする直前の当方の身体動作によって、相手方が手を握ることをさせないとか、相手方が手を握った瞬間に手を離させるという当方の身体動作によって、手を握ることへの強い拒否の意思を伝達するとともに、手を握らせないことを身体的に実現させることになります。身を護るためには、身体的に示された意思に対してそれを拒否する意思を身体的に伝達するだけでなく、その拒否の意思を身体的に実現させることでしか完成しません。拒否の意思は、拒否の身体動作の切れ味によって明白に示され実現します。

わたしが「身体的コミュニケーション」と呼んでいるものは、意思を身体的に伝達するだけでなく、その意思を身体的に実現させる身体動作のことも含めています。

身体的コミュニケーションが護身にとって重要なのは、それができないと、身を護るための最終的な選択を相手方に委ねてしまいかねないからです。自分の意思や感情を身体的に表現する手法は、それが敵対的であっても、自分の身体という限界のもとに行うものです。

どうしたら身体のどこが痛いのかは、身体的コミュニケーションによる想像力によって感じ取られていきます。やっていいこととそうでないことの身体的な見極めということもそうです。要するに、身体的コミュニケーションには、身体動作のコントロールという側面があるということです。

それぞれが自分の身体を背負えば、相手方の身体に対する想像力も自ずからでてきます。子どもたちがなぜナイフに向かうかといえば、ことばによるコミュニケーションが十分でないだけでなく、身体的コミュニケーションも十分できないからです。身体的に向かい合えないからナイフを使う構造は、護身のために防犯グッズを購入するのに似ています。補助的に防犯のための器具を使用することまで否定しようとは思いませんが、基本は身体的コミュニケーションです。

❖身体的コミュニケーションの力をつけるには

身体的コミュニケーションの力とは、相手方の身体動作に対して、身体動作にてきちんと対応できる力ということです。身体動作によって示される相手方の意思に対して、身体動作によって返していく力といえます。護身の場面においては、言語的なコミュニケーションのみでは対応できないこともあるので、そうしたことが求められるのです。

身体的コミュニケーションの第一は、意思の身体的表現でしょう。示された身体的表現に対して身体的表現で応答していくことは、愛情表現のような同調を求めるコミュニケーションにおいても重要ですが、護身の場面というのは、敵対的なコミュニケーションの場面です。

現実には、同調と敵対の間で様々な身体動作による意思の伝達がありますし、ことばによるコミュニケーションと身体的なコミュニケーションの組み合わせも様々です。そうした現実のコミュニケーションの機能に即して身体的コミュニケーションの力を鍛える最も優れた方法というのは、演劇ではないかと思います。特に、身体動作による表現にウエイトを置いて構成がなされた演劇をやれば、身体的コミュニケーションの力をつけることができると思います。劇が現実に近くなることで、現実への身体的対応能力が鍛えられていくと考えていいと思います。

また、護身の場面を設定して、現実に仕掛けられた身体動作に対して切り替えしの身体動作をする訓練は、小さな身体劇といえるかもしれません。私は、主宰している空手スクールにおいて、時々子どもたちの手を突然握ったり、胸倉をつかんだりして、子どもたちがどう反応するかを検証しています。そこで求めるのは、鋭い身体さばきですが、繰り返されることによって、確実に身体動作は素早く鋭くなっていきます。

よく、空手スクールの特徴を理解してもらうために、見学に来られた人に対して、手を握ったらどうしますかという質問をして、手を握ります。しかし、大半の人は反応できません。恐らく握られた手を離したいとは思っているはずですが、それをことばでは表現できても身体では表現できないというのは、身体的コミュニケーションが教えられていないからです。

身体的コミュニケーションの力をつけるには、身体動作に対する身体動作をする機会を多くすることです。昔の子どもたちは、色々な身体遊びをして身体的コミュニケーションの力をつけていきました。また、兄弟げんかは否が応でも身体的コミュニケーションの力をつけさせてくれました。残念ながらそうしたことが自然に学ばれる基盤は失われましたので、意識的に身体的コミュニケーションを獲得していくプログラムが求められていると思います。

❖これまでの身体的コミュニケーションの力のつけかたとは

護身の技術の基礎にある身体的コミュニケーションというのは、相手方の身体動作に対してそれに対応する身体動作ができるということです。

私が小学校時代を過ごした昭和三十年代は、相撲やチャンバラが遊びのなかに自然に取り入れられていました。特に、相撲は、小学校にも中学校にも屋根のついた土俵がありましたし、休み時間や放課後には、土の運動場に円を画いて簡単な土俵に見立てて、遊んでいました。当時は全くそうした意識はありませんでしたが、相撲は、身体的コミュニケーションの基礎的力をつけるうえで、安全で優れた方法だと思います。その理由は、相撲では、離れた状態と組んだ状態という二つの状況での対応が訓練されること、前進と後退、横への揺さぶりと前後左右への動きが離れた状態でも組んだ状態でも想定されていることです。

実際、離れた状態での突き・押しとそれに対する防御、引き・はたきとそれに対する防御、組んだ状態での寄り、投げ、いなしとそれに対する防御、これらは、前後・左右からの攻守ところを代えた身体動作であり、相手方の身体動作に対するこちらの身体動作の連続的対応によって、身体に対する身体の動きの感覚と現実の動きを自然に習得させてくれるのです。ぶつかり稽古で胸を出す稽古は、からだごとぶつかっていく攻撃力とそれをしのぐ防御力の双方を鍛えようという練習手法です。投げる攻撃と投げられる受身の関係も同じです。

このように、相撲の身体動作は、護身のための身体動作の基本を構成していると言えますし、動作が無理なく自然であり、安全性の点からも問題ありません。身体の一部が土俵につくか土俵の外に出れば負けということで、勝負の帰趨《きすう》も非常にシンプルです。

子どもたちは相互に身体動作を掛け合うことが基本的に好きであり、自分より大きな子やおとなを何とか押したいと必死になったり、投げられるとすごく喜ぶ傾向があります。四股立ちを含めて、最初に学びたい身体動作です。

❖子どもたちにとっての身体的コミュニケーションとは

人は生まれたときからコミュニケーションなしに生きてはいけません。赤ん坊はことばが話せませんので、身体全体を使ってコミュニケーションをします。また、人は何らかの障害や年老いてことばを失っても身体的にコミュニケーションを図ります。動物もことばがしゃべれませんので、動物との間も身体的コミュニケーションです。

身体的コミュニケーションは、文字どおり身体的に向き合って各々の身体から発信し、受信していくものです。この人といて心地よいのか悪いのか、一緒にいるべきか離れるべきかといった人との関係に、身体的コミュニケーションが果たしている役割は大きいと思います。同時に、一方は離れたいのに一方は離れたくないといった状況のもとに、暴力という歪んだ形が出てくるのも身体的コミュニケーションの領域です。

身体的コミュニケーションは、ことばの持つ意味に頼れないだけに、想像力が重要な要素になってきます。コミュニケーションにおいて想像力の重要さであることを想起させるという点からも、身体的コミュニケーションは、コミュニケーションの基本であるといえます。

このことは、子どもたちにとっては、より根源的なものになります。子どもは、ことばによるコミュニケーションの力が十分でないからです。子どもが幼ければ幼いほどそうです。実年齢が低い場合はもちろんですが、ことばのコミュニケーションの力がついていなければ、年齢が増えても身体的コミュニケーションに依拠する部分が大きくなります。

そして、身体的コミュニケーションは、身体全体でコミュニケートしようというもので、親と子との間の接触や子どもたち同士の身体を使った遊びなどによって育まれていきます。親愛の情や怒りや悲しみなどの感情も身体的に表現されることで理解され、受容されていきます。

しかし、そうした感情をぶつけても相手方に受け入れられないことが続くと、身体的にコミュニケーションができなくなります。感情が乏しくなったりするというのがそれです。また、逆に、身体的コミュニケーションの表現が暴力という歪んだ形をとることもあります。暴力は身体的ではあっても、相手方の受け入れられない形をとることで、コミュニケーションとしては、ひとりよがりで一方的で否定的なものです。ただ、子どもの場合、身体的コミュニケーションと暴力との間に大人ほど截然と区別できないところがあります。子どもはじゃれているつもりで、身体ごとぶつかってくることがあるからです。

いずれにしても、子どもの暴力とはいっても、身体の一部を使っている限りは、身体的コミュニケーションの逸脱したものと考え冷静に対処することが必要です。

これに対して、ナイフなどの物を利用して攻撃してくる場合には、身体的コミュニケーションとはいえません。物である武器の使用は、身体によるコミュニケーションを否定するところにしか成り立ちません。この点について、齋藤孝明治大学教授は長崎県佐世保市での小学生女子による同級生殺害事件（二〇〇四年六月）に関して、次のとおり述べておられます。

ナイフは非身体的だ。身体が持つ柔らかさがまったく欠けている。手のひらで相手を叩けば、手のひらも痛くなる。しかし、ナイフで刺してもチクリとも自分の方は痛くない。ナイフには、相互性が欠けているのだ。触れることを拒否する道具が刃物だ。触れると同時に触れられる、この相互性が、身体コミュニケーションの大本にある。身体と身体が触れ合うコミュニケーションが欠如した関係を、あの事件は象徴していた。

（齋藤孝著『コミュニケーション力』岩波新書、二〇〇四年、七八頁）

また、日の里空手スクールを創立した福井義博師範は、空手を教えるということについて、一九八四年に次のように述べておられます。

では、空手を教えるとは何ぞや。それは、想像力の養成ということに、私は私固有の力点を置いています。他人を殴れば痛いように……。自分が蹴られれば痛いように、他人を蹴れば痛いだろう。これが想像力であり、思いやりの心というものです。

（拙著『からだと心を鍛える　日の里空手スクールの実践から』海鳥社、二〇〇四年、三三頁）

身体的コミュニケーションということばこそ使用されていませんが、福井師範が身体がぶつかり合うことによってお互いに生まれる想像力や思いやりの心を指摘されるのは、そこにコミュニケーションが成立することをはっきりと認識されていたのです。

言語的コミュニケーション

❖護身のための言語的コミュニケーションの力とは

刃物を振り回されるとか、殴りかかられるといった、明白で現に生ずる身の危険に対しては、身体的な対応をすることに集中します。他方、相手方がことばによって人の尊厳を脅かす場合には、ことばによって切り返すことが求められます。相手方がどんなにひどい侮辱的なことばや名誉を傷つける言動をしたとしても、これに怒って当方が殴ったりすれば、刑事責任を問われるのは当方になってしまいます。身体には身体、ことばにはことばというのが原則です。

それでは、ことばによって自分を護るために必要な力とは、どんなものでしょうか。

第一は、自分の感情や意思をきちんとことばで表現する力です。話ことばと文字の両方の場面でそれが求められます。

身を護る必要が生じる場面というのは、相手方が当方を脅かしたり、騙したり、困惑させたりして、当方の意思を何らかの形で歪めようとしていることが多いのです。そのことに気づいて、相手方によって当方の意思が影響されないことが必要ですが、そのためには、自分の感情や意思をきちんと相手方に伝えることが基本です。特に、相手方が同調を求める場合、自分の考えが違うときには、はっきりとそれを言わなければなりません。いやなことはいやだということが非常に重要です。

このように、自分の感情や意思と違うときに拒否したり、もし、自分の意思や感情と違う内容があたかも自分の意思のごとき内容とされた文書があれば、その訂正を求める力が求められます。これが第二です。

また、相手方が圧力をかけてくる場合には、それに影響されない気迫も必要です。何かおかしいなと感じるとき、それをことばによって聞き出す力も求められます。質問する力とでも言いましょうか。これが第三です。

振込め詐欺の被害を都道府県別に見たとき、大阪府の被害が人口比の被害率の少なさと、一人当たり被害額の少なさで断然一位であったという統計(「アエラ」二〇〇五年一月三一日号、二四―二五頁)は、非常に興味深いものがあります。大阪の人たちの言語的なコミュニケーションの力、特に質問する力によって相手方が偽者であることを見破る確率が高いことを示しています。

第四に、現実に生じた事実を客観的に描写する力です。自分に生じたこと、生じていること、生じる危険があることを他人に伝えるには、現実に生じたことを客観的に伝えることが非常に重要です。自分の感情や意思ということも大切ですが、それと客観的な事実とを区別して描写することで、問題の所在を明確にすることができます。たとえば、相手方に金を持ってくるように脅かされた場合、いつ、どこで、どのようなことばで脅かされたかを正確に表現することで、自分に生じつつある危険を他人に正確に訴えることができます。

第五に、相手方の感情や意思をきちんと理解する力です。これは、受信者としての力です。受信者としては、相手方が「何を語っているか」を理解することが基本ですが、「何を語っていないか」を理解することも重要です。むしろ、欠落部分に相手方の意思や感情が反映していることが多いといえます。うまい話にご用心というのは、利益の裏側にある損失のリスクが意図的に隠されているからです。

また、「自分の言っていることが相手方にどのように受け止められているか」、「自分の言いたいことがきちんと伝わっているのか」をきちんと把握できることが求められます。自分の言っていることを自分できちんと理解しているかという問いにもなります。このことによって、不必要なトラブルを避けたり、自分が相手方の尊厳を脅かすことを避けることができます。このことは簡単なようで簡単ではありません。人は同じことばで違ったことを語ってしまいますし、同じことばだから相手方も同じように理解したと簡単に思い込んでしまうからです。

第六に相手方との対話を打ち切る力です。これは、相手方が当方をコントロールしようとしている状況を断ち切る力です。当方がどんなにいやといっても相手方が同調しない場合、そういう対話を続けること自体が危険です。対話に疲れてしまい、早く対話を終えるために自暴自棄になりかねません。話を継続することに意味のない場合、話は一刻も早く止めるべきです。また、相手方が対話の継続を望んでいない場合も、当方から対話を止めるべきです。

このように、護身のために求められる言語的コミュニケーションの力としては、自分の感情や意思をきちんとことばで表現する力、自分の感情や意思と違うときに拒否したり、自分の意思や感情と違う内容が、あたかも自分の意思のごとき内容とされた文書があればその訂正を求める力、おかしいなと感じることに対して質問する力、現実に生じた事実を客観的に描写する力、相手方の感情や意思をきちんと理解する力、相手方との対話を打ち切る力などが挙げられます。

言語的コミュニケーションの力をつけるには

自分の意思や感情をことばで表現する力や、相手方の感情や意思をきちんと理解する力というのは、言語的コミュニケーションの基本であり、普段からそういう訓練をしておくことが必要です。こうした基本の上に、護身のための言語的コミュニケーションの特質が加わります。

それは、護身のための言語的コミュニケーションが、自分と相手方との間のくいちがいをきちんと認識して、それが自分や相手方の尊厳を脅かすことのないように、始末をつけるコミュニケーションだからです。

普段のコミュニケーションというのは、双方が同調しあうことで組み立てられています。しかし、護身のためのコミュニケーションは、近づかせなかったり、拒否したり、対立したり、断ち切ったりするコミュニケーションです。私は、これを「敵対的コミュニケーション」と呼んでいます。その内容は、次の項にて論じますが、通常のコミュニケーションと方向性が違うことは明らかです。

したがって、こうしたことをきちんとイメージしてきちんと対応できるようにしておくことが必要です。すなわち、具体的な場面を設定して、どうするかを各自シミュレートしてそれを検証したり、対話劇のようなものを作って、訓練していくことが必要だと思います。

敵対的コミュニケーション

◇敵対的コミュニケーションとはどんなことですか

コミュニケーションの求める同調　コミュニケーションは、お互いの意思や考えを発信することで開始しますが、そこで求められているのは、基本的には同調です。コミュニケーションは共感を求めて開始されるのですから、共感し、同調してほしいというのが本音です。誰しもが自分のいうことを聞いてほしいし、わかってほしいのです。このため、同調のコミュニケーションの手法は、みんな何らかの形で学んでいます。身体的コミュニケーションにおいても、頷いたり、「はい」と言ったりすることです。

「はい」という返事をコミュニケーションのことばとして聞くと、いやなのに「はい」というのはおかしいということになりますが、相手方の言っていることがわかりますよという趣旨での合図としての「はい」であれば、いやなのに「はい」ということも理解できます。「はい」というのは、相手との関係を良好に保ちたいという身体的コミュニケーションの観点から出ていることばです。ですから言語的な意味で「ＹＥＳ」とは受け取れないわけです。

ただ、日本では、同調を求めるプレッシャーが強く、拒否することが非常に難しい社会的実態があります。このことに留意することが、日本におけるコミュニケーションを考えるうえで非常に重要です。

❖同調の難しさ

自分の言うことをきちんと聞いてもらい、共感や同調をしてくれるかどうかは、コミュニケーションをとる相手方によります。相手方が自分の話に共感してくれないとか、同調してくれないと、話を止めたくなります。それ以上その人と話をしても、仕方がないと思えるからです。実際、どのように話をしても共感を得られない場合には、話を打ち切るなり、機会を改めてやり方をかえるしかありません。問題は、相手方が当方の言っていることにどのように反応しているかを、きちんと当方で把握できるかどうかです。自分の言っていることが正しいから相手方は当然同調するだろうと思い込んだり、相手方の現実的反応をきちんと見ていないと、状況判断を誤ってしまいます。

日本の社会は、「いや」ということがなかなか言えない社会です。このため、表面上は同調していても、本心は違うということがしばしば起こりえます。「面従腹背」ということばが昔からあるように、その人の真意にまで踏み込んで同調を得ることは、簡単ではありません。

❖ 同調を利用するコミュニケーション

当方の言い分を相手方に納得してもらうには、相手方を説得しなければなりません。ところが、正常な方法では説得が困難な場合は、これとは別のコミュニケーションが発動されることがあります。最初から正常な説得を諦めている場合もあるでしょうし、説得の過程で違法なコミュニケーションに走ってしまう場合もあるでしょう。それが、詐欺、脅迫、暴力などの行動です。

まず、詐欺は、相手方に虚偽の情報を提示して、本当であると誤信させて同調させる手法です。その底には、本当のことを話しても同調してくれないという前提があります。

また、脅迫は、人に害悪を告知することで同調させようという行為ですし、暴行は、現実に身体に対する安全の感覚を脅かすことで同調させようという側面を持っています。そして、詐欺・脅迫が、身体及びことばの双方によってなされるのに対して、暴行は身体によってしかされません。いずれにしても、相手方の冷静な判断によって同調してもらうのではなく、相手方の判断を歪めさせて同調させようというもので、だからこそ違法なのです。

そもそも相手方は、自分とは異なる他人ですから、簡単に同調しないのが当然なのです。このことをきちんと理解せずに同調にあまりに執着すると、同調しない相手方に対して、詐欺や脅迫、暴行などの違法な手段に訴えることになりかねません。

ストーカーも同じです。コミュニケーションによって同調を求めて、同調を得られない場合に、すっと撤退できるかどうかは、非常に大切なことです。それは、その人がきちんと状況に応じて身体的距離をとれるかどうかという点において、身体的コミュニケーション能力の一つだと思います。

❖関係を断ち切るためのコミュニケーション

相手方は通常のコミュニケーションをとりたい、当方は今後全くとりたくないという場合、拒否の意思を相手方に伝え、今後のコミュニケーションを断ち切る必要があります。そうでなければ、ずるずると相手方のコミュニケーションに付き合わされることになりますし、場合によっては、意に染まない約束をされてしまいかねません。

ただこの場合、ことばの意味内容もさることながら、拒否の意思が断固としていて、相手方に同調しないことが明確であることが重要です。このため、大声であったり、他の身体動作が加わったりして、身体性を帯びたものにならざるを得ません。相手方と何らかの人的関係を作るつもりがないのであれば、できるだけ早くコミュニケーションを断ち切った方がいいのです。

この関係を断ち切るためのコミュニケーションは、通常のコミュニケーションが同調的であるのに対して、敵対的であるために、私は「敵対的コミュニケーション」と呼んでいます。実際的には、縁切りのメッセージをどのように効果的に相手方に伝えるかということです。その手法は、通常のコミュニケーションと同じく、ことばと身体の両面あります。

まず、空間的、時間的、心理的距離をどうとっていくかということです。相手方からの権利侵害行為の危険は、空間的・時間的距離があればあるほど遠のくからです。この点、空間的・時間的距離は、現実の行動によって確保される必要があります。他方、人は、どのような空間的・時間的距離をものともしない、一方的に心理的距離の接近したストーカーという存在にもなりうることを示しています。この場合には、一切の接触をせずに、関係を意識して立ち切ることです。そして、相手方が別れを受け入れざるを得ないように、一つひとつの事例で積み重ねる心理的呪縛を解くことが求められます。

なぜ敵対的コミュニケーションを語るのか

敵対的コミュニケーションということばを持ち出すのは、コミュニケーションがうまくいかない場合に、どうコミュニケーションをとって分離していくかという課題が念頭にあるからです。結びつくのは比較的簡単だけれども、別れるのは難しいというのは、別れには人の執着が関連するからです。また、分離の際には、一方の側が他方をコントロールしようとして、違法な権利侵害が発生する危険性も高まります。その場合に、どのように相手方と距離をとって自分を護っていくかを、コミュニケーション手法としてもきちんとすべきであるというのがわたしの見解です。現実に分離できるかどうかは、抵抗も含めた身体的コミュニケーションの力にかかる部分が大きくなります。

もちろん、そんなことをしなくても、お互いの心を察知して分離できたらそれに越したことはありません。京都で、「ぶぶ漬けでも」と言われたら「そろそろお帰りになったら」というサインであるというのは、非常に興味深いものがあります。「帰れ」と直接的に言うのは無粋だから逆の意味のことばでその意思を表現するというのは、分離をうまく演出しようという文化と考えられます。お互いが察することのできる共通の基盤があればそれも可能でしょう。

しかし、残念なことに、今の日本社会の現状は、相手方を察する力が衰退しつつあるといわざるを得ない状況にあります。他方、何か問題が発生した場合に、自分を絶対化して問題を環境や特定の人のみの責任にする人が増えつつあります。相対的にものを見るというのが、非常に難しくなってきたように思えます。身体的コミュニケーションの衰退も、その原因として関わっているのではないかというのがわたしの見解です。

いずれにしても、敵対すべき状況にて、相手方に対する拒否や相手方の妨害を排除するといった身体的コミュニケーションの行動がきちんとできるかどうかです。残念ながら、これまで、そうした敵対的状況にてどう行動すべきかを教えてこられませんでしたし、一般の認識も十分ではありませんでした。

しかし、好ましいことではないかもしれませんが、日本社会において、相手方との敵対的状況を想定してそのコミュニケーションのとり方をきちんと学ぶことは、護身の観点からも必須のことになりつつあります。子どもたちが暴力被害にあう事件に接するとき、子どもたちが不審人物に出くわしたときの対応の仕方や大声のあげ方など、生きていくための身体的コミュニケーション手法をきちんと位置付けて訓練していくことの必要性を強く感じます。それは、これまであまりなかった視点ですが、子ども時代に限らず、大人になってからも必要な視点として、考えかつ実践していく必要があると思います。

❖護身の行動と敵対的コミュニケーション

同調を拒否し相手方とのこれ以上のコミュニケーションを拒否する場合、コミュニケーションの場から離脱して距離をとるというのが第一です。しかし、それでも相手方が断念せずに近づいてくる場合、それを排除するためのコミュニケーションが必要になってきます。ことばによるコミュニケーションや身体によるコミュニケーションを使って、相手方が自分の領域に入って来ないようにする必要があります。

こうした場合、護身のために身体的な行動をとらざるを得ないこともあります。たとえば、知らない人に手を取られたり、肩を抱かれようとしたときです。この場合に大声をあげるなど拒否の意思を明確に伝えるのはもちろんですが、手を取られる状況や肩を抱かれる状況を作らないようにすることが第一です。

手を握ろうとする動作を制御する身体動作や、肩を抱くことができない身体動作を直ちに返してやるということです。もちろん、こうした護身のための身体動作を身につけるには訓練が必要です。

誰しもこうした状況に置かれたくないですし、そうした状況になることを避けることにまず全力を注ぐべきです。ただ、運悪くこうした状況下に置かれたときには、身体全部を使って相手方を排除することに全力を使わなければなりません。敵対的コミュニケーションは、生き抜いていくには身につけておくべきコミュニケーションです。

❖インターネット上のコミュニケーションと護身について

インターネットにおけるコミュニケーションの位置と護身との関係について、考えてみたいと思います。

インターネットは、情報への接近や収集を容易にしてくれます。また、数多くの人との交信を可能にしてくれます。あるテーマについて、全く知らない人同士が情報や意見を交換することを可能にする装置です。この情報交流のハードルの低さは、便利さとともにリスクを抱えています。それは、不確かな情報や人の名誉を毀損するような情報が短期間に大量に流布されるリスクです。それは発信源不明の情報の操作を可能にする余地を残しています。もし、人と人との直接的コミュニケーションであれば、相手方の反応によって情報の問題性を感じ取ることができますが、そうしたブレーキがきかずに暴走する可能性があるということです。

また、電子メールは、文字による情報伝達を短時間に頻繁に行うことを可能にしました。事務的連絡方法としては、非常に優れています。しかし、デリケートなやりとりの場合には、自分の見解のみを一方的に押し付ける結果になりかねません。最も基本的なコミュニケーション手法と考えられる、対面して話をする場合と比較すると、当方の話に対する相手方の反応を相手方の表情や話し振りにて確認することができません。対面的なコミュニケーションにおいては、話をしながら相手方の反応を時々刻々と確かめて、当方の口調を修正したり、話をする範囲を考えたりしています。そうすることで、無用のトラブルを回避したりできるわけです。

これに対して、インターネットの場合には、そうした抑制が働きにくいということです。したがって、身を護るという観点からは、インターネットを利用した交信の持つ限界に留意して、感情的なやりとりをしないように注意する必要があります。

ことばによって身を護る

❖言語的コミュニケーションの効用と限界

言語的コミュニケーションには、発信と受信がありますが、その目的から大きく分けると、同調、相違、敵対とに分けられると思います。

同調とは、自分のことを共感・同意してもらうことを求めてコミュニケーションする場合です。これに対して、相違というのは、どこが同じでどこが違うかをはっきりさせるために行うコミュニケーションです。交渉ごとがこれに当ります。敵対というのは、相手方を拒否するためのコミュニケーションです。

もちろん、現実に行われているコミュニケーションというのは、それほどはっきりしていません。しかし、身を護るという観点からは、言語的コミュニケーションのこうした機能の区別に留意して、危険を察知した場合には、モードを切り替える必要があります。発信者が同調を求め、受信者がそれに応じていた場合においても、これ以上踏み込まれることはいやであるという場合、相手方を拒否するコミュニケーションが必要です。

また、相手方の尊厳を脅かす加害者にならないためには、相手方を理解する力と、相手方に同調を求めても拒否された場合には、退却するという潔さが必要です。ここでは、諦めないという執着心ではなく、諦めないことで相手方に及ぼす迷惑への想像力が重要です。

それから、言語的コミュニケーションというと、「何が語られているか」が基本になりますが、同時に「何が語られていないか」という視点が重要です。欠落部分に対する感受性こそ危険を早い段階で認識することに繋がります。

また、相手方が身体的動作によって危害を加えようとした場合には、「何をするんだ」と相手方を非難することばにて切り返すことも大切ですが、ことばによって相手方が影響を受ける保証はありませんし、放置しておけば現実に危害を受けてしまいますので、こちらも身体動作によってこちらの身体が危害を受けないようにする必要があります。

要するに、ことばに対してはことばですが、身体に対しては身体という対応がどうしても必要だということです。身体動作に対しては、こ

とばは無力ではありませんが、無力たりうることを踏まえておく必要があります。この点では、身体動作をことばとは体系を異にしたコミュニケーション手法ととらえ、護身のための身体的動作を身体的コミュニケーションとして、コミュニケーション能力をどう向上させるかを考察すべきだと考えます。

❖脅しや騙しをどう見抜くのか

脅されるとか、騙されるというのは、自分の本当の意思が脅迫とか詐欺などによってねじ曲げられるということです。本当は要らないものを買わされたり、渡したくないのに大事な金を巻き上げられたりするのは、本当の意思はそれを欲していないのに、そうさせられているということです。

自分の意思に反することを強いられるというのは人の尊厳を脅かすものですが、重要なことは、脅されたり、騙されようとしている人が、現実の場面においてそれに気づいているかどうかという点です。気づくことで初めて対処できるわけで、気づかなければ対応できません。脅したり、騙したりというのは、通常のコミュニケーションとは違う異常なコミュニケーションです。そして、その異常性に気づくには、通常のコミュニケーションというものをきちんと理解しておく必要があります。

通常のコミュニケーションでは、必ずこちらの反応や感覚を尊重した対応があるはずです。

もし、こちらの反応を無視するようなコミュニケーション手法がなされた場合、対等なコミュニケーションは成立しないと判断する必要があります。特に、こちらが考えをまとめる時間がないのに、意思決定を迫るようなコミュニケーションは要注意です。急がないといけないような雰囲気が作り出されますが、急いでいるのは相手であって、当方ではないことを冷静に判断する必要があります。

また、相手方とコミュニケーションをするに至ったきっかけについての認識も重要です。こちらが望んで相手方とコミュニケーションしているのか、相手方が望んでしているかです。相手方が望んでのコミュニケーションであれば、最初にその目的をはっきり聞く必要があります。たとえば、営業目的でその営業に関心がなければ、すぐに「関心がありませんのでけっこうです」とはっきり断わるべきです。

相手方に義理があったりして、単刀直入に断ることをためらわれる場合、「今仕事中なので」「もうすでに持っています」などと断り易い理由を付けて早い段階で打ち切ってください。あらかじめこうした場合の断る理由をいくつか考えて持っておくと直ちに対応できると思います。

❖申し出を拒否するコミュニケーション

相手方の申出に対して、いやならばきっぱりと断わるべきです。その場を取り繕おうとして曖昧な態度をとると期待をもたせてしまいます。また、判断に迷う場合には、即断しないで時間を置き、きちんと検討して、次の段階ではっきりとした意思を表明すべきです。特に、相手方が威圧的であるとか、どうも話がうますぎるという場合には、絶対に即断して承諾してはいけません。

要するに、断わる返事は即断していいけれども、承諾の返事は即断してはならないということです。よく、面倒だから一件ぐらいいいかと気に染まない話に乗ったら、次から次に話が舞い込んだということがあります。これは、気に染まない話にも、押し方によっては乗る人だと値踏みされたということです。もっと、露骨に言えば、「私はカモですよ」という情報を相手方に与えたことになります。

「いやです」「要りません」「関心がありません」「お断りします」。こうした断わりのことばを大きい声で次々に発することです。相手方が何を言ってもそれを続けることです。自分の感情をことばにすることで、こちらの気構えができます。大きな声で繰り返すことで、それが固まります。本当は、断わりのことばは一度でいいのですが、要求を拒否しても引き下がらない人がいますので、その拒否の意思の強さを、声の大きさと拒否の意思を示す複数のことばを繰り返すことで相手方にわからせるということです。

ところで、親しくなった者からの申出に対して、「嫌われたくない」という思いからなかなか拒否できないという心情をどう考えたらいいでしょうか。たとえば、交際相手から「携帯メールを見せろ」といった要求がなされた場合などがそれに当ります。この場合、どんなに親しくてもいやなことはいやと言うべきです。それで崩れるような関係ならば崩れた方がいいと思います。いやな心情を抑圧して相手方に合わせれば、支配されコントロールされる関係になってしまいかねません。その方が問題は大きいのです。

❖話を打ち切るコミュニケーション

こちらが相手方の申出を断わったのに、相手方が話を止めない場合、話を打ち切ることが必要になります。相手方としては、断わられても、強く押せば、当方が翻意するかもしれないとの期待をしてのことです。遠慮がちに断わっても相手方がそれを尊重すれば問題ないのですが、対応が柔らかいことをいいことに、話を止めない場合、「お話はもうけっこうです」と言って自分から打ち切ってください。義理のある人でもない限り、何の関心もない話に付き合わされることは時間の無駄ですし、相手方にとっても、可能性のない話をするぐらいなら、別の人と話をしてもらった方がどれだけよいかわかりません。

気の弱い人は、なかなか打ち切れないので、「もうけっこうです」と断定的に言う練習をしたらよいと思います。きっぱりとした物言いこそが相手方の付け入る隙を封じてしまいます。そして、電話なら相手の反応を待つことなく切るし、面会であれば席を立つことです。決して、話を止めることについて相手の了解を求めたり、相手に理解を求めてはなりません。相手がどう思うかは関係なく、行動することが必要です。

また、相手方の話を切るのは、早い段階の方が簡単です。関心がないのであれば、最初から断わるべきです。すぐ断わったら悪いなどと考えて、相手方の話を聞いていたらかえって話を切りにくくなりかねません。話を切る自信のない人はぜひ頭で状況を思い描いて訓練してみてください。

❖脅しを跳ね返すコミュニケーション

相手方が威圧的な物言いをしてきた場合、それに影響されないようにするにはどうしたらいいでしょうか。

相手が誰であれ、きっぱりと自分の意思を伝えるというのが原則です。しかし、相手方の地位や相手方との関係によっては、そうはいかないこともあると思います。その場合、自分の意思が影響を受けないようにするには、冷静な状況にて判断できるように、「少し検討してみます」「一、二日時間をください」などと言って、その場で即答しないことです。

自分が相手方から威圧を感じているなと思ったら、相手方の威圧を脱したところでしか自分の結論は出さないという腹構えをして、その場では結論を出せないことを相手方に明確にする必要があります。この点は、威圧をしたら簡単に応じるという情報を相手方に出さないという点からも重要です。

逆にいうと、本来なら申出を受けていいような話であっても、相手方が威圧的な物言いをしてきた場合、申出を承諾できないということになります。受けてしまうと、また威圧をすれば簡単に承諾してしまうとの判断を相手方に与えかねません。そのことの弊害が大きいのです。歪んだコミュニケーションは、関係を捻じ曲げてしまいますので、そうしたことは効果がないことを相手方に知らせる必要があるのです。

また、威圧される場を離れたところで考える際には、できれば自分だけで考えるのではなく、自分をサポートしてくれる立場の人の意見を聞くことも必要です。そうすることで、威圧による影響を除くことができます。

❖騙しを見抜くコミュニケーション

相手が騙そうとしている場合、どこか不自然な部分が出てきます。それを感じ取れるかどうかが騙されない出発点です。昔から「うまい話にご用心」と言われています。絶対に得をして損をすることはないという話は、まずおかしい話です。もし、そんないい話ならば、どうしてそんな話を自分に持ってくるのかという疑問をもたなければなりません。相手方の申出が利益に彩られている場合、損をするリスクが隠されているのです。そういうリスクを言わないということ、それ自体でもうその話はおかしいという判断をつけるべきです。

つまり、通常のコミュニケーションであれば、必ず、利益の可能性と損失の可能性が両方語られなければなりません。相手方が利益のことしか言わないのは、申出を承諾してほしいために、否定的な情報を隠しているということです。

それから、少しでも疑問があれば、相手方にきちんと質問をすべきです。その回答の仕方や内容に不自然さがあればおかしな話であることは間違いありません。

自分の親しい人に関連することであれば本人に確認することも重要です。「オレオレ詐欺」や「振り込め詐欺」は、親しい人の緊急状態を連絡してくるものですが、すぐに多額の金がいるということの不自然さがポイントです。かりに、親しい人が何らかの事件に巻き込まれて被害者や加害者になったとしても、誘拐犯からの身代金の要求は別として、すぐに多額の金がいることはありません。事故の場合でも、相手との一定の交渉があり手続きが必要です。また、そうした重要な話が本人からの話でないということも通常考えられません。

緊急事態という相手方のことばによって、目をくらまされないようにするには、相手方がどんな人で、本人がなぜ連絡できないのか、相手方が連絡してくるのはなぜなのか、どんな状況なのかを具体的に聞くことです。そして、本人との連絡にこだわることです。知らない人からの伝言、本人からの連絡のないこと、多額の金銭の振込みの申出というのは、どう考えてもおかしいのです。

相手方の騙しを見抜くコミュニケーションを定着させる方法としては、具体的事例を出して、どこが不自然か、どこを問いただすべきかを検討して討論することが有益だと思います。

❖客観的事実を描写するコミュニケーション

第三者から何らかの申出があった場合に、脅しや騙しを防ぐためには、その内容を客観的に描写することが大切です。これは、申出の仕方や内容のおかしさ、通常のコミュニケーションからの逸脱をきちんと検証するために必要です。

自分でもう一度検討するためにも、また他の人に相談するためにも、事実関係を文章化したり、口述することを訓練する必要があります。その場合、自分の感情と客観的事実を分けて表現することが大切です。客観的な事実の部分とそれに対する自分の考え方や感情を分けることで、脅しや騙しの内容をより明確にとらえられるのです。よく、客観的な事実と自分の推測や感情とを混同して話される人がいますが、そうすると、どんなことが実際起こったかが明確に伝わりません。当事者となると、感情的にならざるを得ないことは理解できるのですが、そのことによって、事実がきちんと伝わらないと、結果としては本人の利益になりません。そのことをきちんと理解しておく必要があります。

ところで、客観的事実を描写するコミュニケーションの一つに、刑事事件における取調官と被疑者や参考人との問答があります。この取調官が作成する被疑者や参考人の供述調書というのは、本人の供述をそのまま書いていると理解している方が多いと思います。しかし、実際には、取調官が納得しない本人の供述内容は記載されません。元々、主として犯罪の成立を立証するために作成されるものであり、本人の供述のうち犯罪の成立を裏付けるものをまとめていると考えるべきです。したがって、犯罪の成立を疑わせるような供述は簡単には記載されないのが普通です。

このため、取調官の作成した供述調書が、自分の供述どおりになっているかをきちんと確認する必要があります。もし、自分の供述内容と調書との間にくいちがいがあれば、訂正や追加を求めるべきです。自分の供述内容と違うと感じつつ、訂正や追加の申立をしないでそのまま署名をすると、訂正や追加のない元の供述を本人がしたとして取り扱われ、公判の段階で事実を述べてもその段階で元の供述を変えたとして取り扱われるリスクを抱えることになります。

❖加害者にならないためのコミュニケーション

加害者にならないためには、人の尊厳に関わる権利・利益についての理解をきちんとして、それを侵害する行為を止めさせる働きを自分の側に作ることです。要するに、「そんなことをしていいのか」、「そんなことをすれば、相手が傷ついてしまうのではないか」、「そんなことをしたら自分を傷つけてしまうではないか」などの会話が自己の内部でなされる必要があります。

自分の行為に疑問を提起して会話をする相手は、自分の心です。加害行為に走ろうとする自分に対して、それに疑問を提起し、押し留めようとする心が強ければ強いほど、加害行為から自分を護ってくれるといえます。

また、子どもたちは、脅されたり、騙されて犯罪に加担させられることも多く、特定の者との関係では加害者だけれども、別の者との関係では被害者という複合的な関係に立つことがよくあります。犯罪への加担を誘われたときに、それを断わることができるのは、人の尊厳に関わる権利・利益についての理解と自分の心からの問いです。心を鍛えて、加害行為をさせないだけの力を持つようにすることが護身のためには必要です。そして、そのために、自分の心とコミュニケーションするルートをきちんと持っておかなければなりません。

もうひとつ加えておきたいのは、加害者にならない基本は、他人が自分とは別の存在であり、自分とは違う感覚、嗜好や考え方を持つ存在だということを尊重することです。これは、口で言うほど容易ではありません。

家族であってもそれぞれ一人ひとりは別の存在だという感覚が育っていればいいのですが、そうでないと、他人をいつのまにかコントロールしてしまいかねません。親しい関係になればなるほどそのリスクが高まります。違いを面白いと感じるか、不安に感じるかで、大きく違ってきます。

同調の世界にどっぷり浸り、違いの面白さを感得していない人は、違った世界に飛び込めないか、違いに直面すると相手方を変えようとします。相手方がそれに応じなければ、暴力的手段や心理的圧迫など相手方の尊厳を脅かす行動に出ることもあります。自分の世界しか知らないと、自分の思い通りにならないのは相手のせいだと考えるのでたちが悪いのです。

コミュニケーション能力の衰退といってしまえば一言ですが、今後親子関係の問題やデートDVなどが広がっていくことを認識して、加害者にならないためにどうしたらいいかをきちんと考えておく必要があります。

からだによって身を護る

❖いかにして身体的コミュニケーション能力を高めるか

相手方の危害を加えようとする身体動作に対して、からだで拒否の意思を伝え、その拒否の意思を実現させる身体動作を身体的コミュニケーションととらえ、コミュニケーション能力を高めていくというのがここでの課題です。その共通の部分は、瞬時に行うこと、その瞬時に力を集中させることです。そこで、よくある身体に対する拘束の事案を材料に、護身と身体的コミュニケーションについて考察したいと思います。

ところで、こうした事態を想定する場合に留意することがあります。それは、相手方の予備動作の段階で察知して、身体に対する拘束を回避することが第一だということです。また、拘束された場合でもその瞬時の動作が最も効果的です。要するに、相手方が自分をコントロールする状態を作らないようにすること、かりにそれがあったとしても、その時間を最短にすることです。

相手方によってコントロールされる時間が長ければ長いほど、身体的にも心理的にも相手方が優位になりかねません。また、こうした身体拘束の状況は、一連の動作の流れの一こまであり、現実には型どおりにくる保証はないということです。

いずれにしても、身を護るためには、敵対的なコミュニケーションのモードに瞬時に切り替えなければなりません。この点では、親しいと考えていた人から不意に攻撃されるのが最も切り替えが難しいことになると思います。しかし、それでもこれをしない限り、自分の身を護ることはできません。なお、ここに紹介する身体動作は、わたしが教えている空手スクールにて行っている現時点での一方法で、これからも改善を重ねていく発展途上のものです。また、各武道・武術では色々な技法が紹介されているはずです。

現在、武道・武術を習っている人は、自分で習った技術を次のような状況でどのように使うかを考えて試してみたらいいと思います。また、武道・武術を習っていない人でも、こうした状況で自分はどうするかを頭でイメージしてください。そして、相手方がいて時間があれば、それを自分の身体を使用して試してみたらいいと思います。

❖手をつかまれた場合

相手方から手をつかまれた場合、自分の手を開き相手方の手首に当て、

一、手首を回転させて素早く離す。

二、手首を回転させつつ、その手で相手方の手と指とを捻って制御し、もう一方の手で腕の肘関節や肩関節を押さえて制御する。

というのが最も簡易な対応です。

相手方による拘束の力が強い場合には、つかまれた手の下にもう一方の手を合わせ、上下から掌を握り合って素早く手首を回転させます。これは、腕を握られたときにも応用できる動きです。また、右手で右手を握られた場合のほかに、右手で左手を握られた場合、左手で右手を握られた場合、左手で左手を握られた場合を訓練します。

「手を握られる」という身体動作をされた場合、手をすぐに振り解くという動作ができる人がいる反面、どうしていいのかわからなくて立ち往生する人もいると思います。それは、手を握るという身体動作に対して返すべき身体動作を認識していないからです。というより、頭では理解していても身体動作として反応できないということです。ことばに対してはことばで回答するように、身体動作に対しては、身体動作にて対応することが必要で、それによって自分の意思を明確に相手方に伝えることもできます。

拒否の意思が明確に身体動作によって表現されるとともに、相手方の勝手な振る舞いを許さないという自分の意思を身体動作によって実現させるということです。何も反応しないと、相手方はそれをいいことに、更なる侵害行為をしてくるかもしれません。手ぐらいいいだろうということはないのです。最初の段階にて完全に撃退することが必要です。

こうした身体動作は、決して難しいものではなく、繰り返して行えば誰でもできるものです。身体的コミュニケーションの一つとして身体にて知ることが必要です。

❖胸倉をつかまれた場合

相手方から右手で胸倉をつかまれた場合を想定しましょう。この場合、

一、自分の右手で相手方の右手の指と手とを逆手でつかみ、時計回りに回転させて、左手で相手方の右手の肘関節や肩関節を制御する

二、自分の右手で相手方の右手の指と手とを逆手でつかみ、自分の左手を相手方の右手の肘関節に置いて、右手を時計回りに回転させると同時に、左手を時計反対回りに回転させて、指、手、肘関節を締め上げる

三、自分の右手で相手方の右手の指と手とを順手でつかみ、時計反対回りに回転させて、捻り倒す

四、両手で相手方の右手と指を包み込み、上から下方向に体重をかけて指と手の関節部分を締め上げる

などの方法があります。

自分の対応が遅かったり、相手方の身体拘束が強く相手方の指をつかめない場合には、右手で手刀を作り、これを相手方の手首において時計回りに瞬時に回転させます。左右の掌を握り合って回転させるとさらに強力になります。

また、自分の身体を開き、相手方の腕を伸ばさせて身体拘束を緩和させる動作を組み合わせることも有効です。

相手方が右手ではなく左手で胸倉をつかんだ場合も同様に練習します。

❖後方から肩をつかまれた場合

相手方によって後方から右肩をつかまれた場合、

一、後方を振り向いて自分の右手で手刀を作り振り払う

二、後方を振り向いて自分の右腕で相手方の右手を時計方向に巻上げ、時計反対方向にからだを回転させて捻り倒す

三、後方を振り向いて自分の右腕で相手方の右手を時計方向に巻上げると同時に、相手方の後方に回って自分の左手で相手方の肩関節を制御する

四、振り向きざま相手方の右手に噛み付く

といった方法があります。

相手が後方にいる分、からだの動きやさばきの部分が求められます。スムーズな動きができるかどうかが鍵ですが、これとて難しいことはありません。何度も繰り返すことで誰しもができる身体動作です。

相手方が後方から左肩をつかんだ場合も同様に練習します。

後方から抱きつかれた場合

相手方に後方から抱きつかれた場合、後方からの両手による拘束が自分の腕の上からなのか下からなのかによって若干の違いが出てきます。腕の上からの拘束の場合、手の動きが制限されるのに対して、腕の下からの拘束の場合は手が自由に動かせるからです。

まず、手の自由な動きに関係のない部分を整理すると、

一、後方への肘打ち
二、自分の後頭部を相手方の頭部や胸部に押し付けての頭突き
三、自分の足の外側、または踵《かかと》を使って相手方の足の甲部を踏みつける
四、自分の足の踵で後方の金的を蹴上げる
五、身体を左右に振って拘束を外す

といった方法です。

また、手の自由がきく場合には、

一、後方への裏拳突き・打ち
二、後方への振り拳突き

が可能です。

他方、手の自由がきかない腕の上からの拘束に対しては、上から下の方向へ身体を落しての外し技が有効です。

ところで、こうした身体を拘束された状況で留意すべき点があります。それは、往々にして、身体拘束に対して、力でもって逃れようとして、自分のからだを相手方に一層押し付ける動作をしがちだということです。しかし、そのような身体動作をすると、自分と相手方との身体の密着性はさらに強まり、拘束はきつくなってしまいます。まさに、自分の意図と身体とが逆に動くことになります。

身体拘束を弱めるには、息を吐き、リラックスした状態になることが必要です。そうすることで、自分のからだが幾分小さくなり、相手方の身体との間に隙間が生まれて、拘束が弱まるのです。また、小さな空間が生まれることで、技を仕掛けやすくなります。

また、自分がリラックスすることで、相手方の力が弱められます。こちらが力を入れれば相手方に力が入りますし、こちらが力を抜くと相手方の力も抜けるという相関関係にあります。そして、相手方の身体的・精神的なバランスを崩すのは、静的な力ではなく、力の落差ということです。

したがって、リラックスしている状態から、力を集中した状態までの力の強さの落差が瞬時に生じると、リラックスしていた状態に対応していた相手方は到底対応できず、バランスを崩してしまうのです。そこでのポイントは、力の落差と瞬時であるということで、それを繋ぐのは、集中力ということになると思います。リラックスし、瞬時に爆発的な力にまで引き上げるというのが空手の技術の本質であると理解していますが、こうしたメカニズムは空手を習っていなくても応用できるものです。そのリズムをつかめば、力自身は強くなくても、身体動作において多大なエネルギーを生み出すことができます。

❖寝込みを襲われた場合

相手方に飛び掛られようとしている状況で気づいたのであれば、相手方を近づけないようにするために、自分の足をいかに使うかということになります。足というのは、通常立つための土台として機能します。実際、蹴りなどの足技は、片足になってしまいますので不安定さは免れません。そのため、護身の技としては、立っている場合、手技が中心になるのはやむを得ないところです。

しかし、こちらが寝ているときに襲われた場合には様相が違ってきます。もちろん、早く立つという通常の状態になることが目標であり、それまでの限定された攻防になりますが、寝ている場合には、片足による不安定さはありません。また、相手を見る位置からすれば、当然仰向けになり相手方に足を向けた姿勢で相手方に対峙することになります。この場合、下肢の部分の長さがそのまま相手方とのリーチとなります。

寝た状態で、相手を近づけないようにするには、近づいたら蹴りの打撃を受けるという状況にするのが有効です。蹴りは、前足底を使用した正面蹴り、足刀を使用した横蹴り、回し蹴り、逆回し蹴りと訓練します。この場合には、足甲部や足の外側・内側を自分の打撃の部位として、相手方の下半身、特に脛《すね》や脹脛《ふくらはぎ》を攻撃します。相手方は立っているために、なかなかこちらからの攻撃を防げません。もし、こちらからの攻撃を避けようとして間合いを取ったならば、隙を見て立ち上がるということになります。寝た状態で戦うことは、あくまでも一時的なものですから、立ち上がればそれで終わりです。

しかし、寝た状態で戦えないとしたら、それによって致命的打撃を受けうることを覚悟しなければなりません。したがって、寝た状況を想定して護身の訓練をすべきことは当然のことです。また、この状態で訓練することで、足についての認識を改めることができます。接近されない限り手は使えず、足のみで対応するしかありませんので、足の身体動作が自然に発達してくるのです。相手方にとっては、足で下半身を攻撃されても手は届きませんので、打撃を受けても防ぎようがないのです。

寝た状態で足を手のように使うことを目標として身体動作をしていくと、足の動きが活性化されていきます。まるで、眠っていた身体の一部の活動が再開されたようです。身体は使えば使うほど活性化していくことを実感させてくれます。

次は、すでに身体の上に乗られた場合です。身体の上に乗られると、全体的なからだの動きが止められますので、できれば避けたい状況です。しかし、こうした状況になればなったで対応の必要があります。

この場合、足技としては、膝頭を使ってのわき腹や尾てい骨などを狙った膝蹴りや、身体を回転させての上下逆転の身体動作が有効です。身体の上下回転は、床と身体の間にわずかな空間を確保して、瞬時に行います。また、手の技としては、手刀や背刀打ち、掌底打ちや、貫手などの技があります。相手によっては、生命の危険をかけての攻防もありえますので、最後の手段として、目を対象とした貫手についても、練習しておくことは必要だと思います。

❖殴られてきた場合

相手方から殴られてきた場合、当然、攻撃の対象となった部位を防ぐことが必要です。そこで、相手方から攻撃された部位に応じて防御する身体動作をします。通常、上段、中段、下段と分けた受けの動作です。ただ、それを繰り返されても、自分が体力を消耗するだけです。したがって、防御することが即相手方の戦意を喪失させる身体動作が、もっとも有効です。

そこで工夫されるべきは、受け即攻撃となる技です。受けることが相手方への攻撃にもなるという身体動作です。その一つが受け突きです。両手で、一方が突き、一方が受けと役割を分担してやることも可能ですが、片方の手が両方の役割を担うことで、相手方を制御できる可能性は非常に高くなります。

❖ナイフを持っている場合

相手方がナイフを所持している場合、相手方のナイフを持っている手を制御してナイフを離させることが必要です。ナイフを振り回させたあとでこれを受けることは、大きな危険を伴いますので、その前に制御する必要があります。

相手方がナイフを右手に持っている場合を想定すると、左手で相手の右腕を受けたうえで、右手で相手の右手指をつかみ、左手でそれを包み込んで瞬時に捻り倒すというのが、最も有効だと考えています。実際、わたしの教えている空手スクールでは、小学六年生に模型のナイフを利用してこの方法でのナイフの制御方法を教えていますが、空手の経験が浅い子でも、繰り返してやるとできるようになります。

ポイントは、瞬時に決められたからださばきができるかであり、からださばきのスピード化と、瞬時に爆発的に集中した力を自分の両手から相手方の右手指に伝えることが課題です。相手は激痛によって手を離します。

ナイフへの対応は、一歩間違えれば、ナイフの殺傷能力によって身体への危険を伴う動作です。ただ、相手方はナイフに依存していますので、ナイフを持っている手を制御すれば相手は何もできないともいえます。ナイフ以外のことを考える必要はなく、ナイフだけに集中すればよいということです。

また、実際にカバンを持っていたり、傘を持っていれば、それを盾として利用し防御を補強できますが、いずれにしても、最終的に相手方の手を制御してナイフを離させることが必要です。

いじめと護身

ijime to goshin

いじめから身を護る

❖いじめの特質

いじめとは、集団のなかで、特定の人に対して暴力や嫌がらせをするなど、人の尊厳を脅かす行為を繰り返すことです。

特定の首謀者がいるのが通常ですが、集団のなかで加担したり、暗黙の支持を与える人によって支えられています。集団が閉鎖的である場合には、そうした関係が固定化して、いじめの発見が難しく長期化しやすいといった問題があります。

いじめ自体はどこにでもあります。特に、日本の社会は集団内の同調プレッシャーが強く、異なるものを排除しようというときに、意識的あるいは無意識的にいじめが使用される可能性があります。

いじめは、集団内における自分のパワーを確認する場であるということもいえます。いじめをする人は、特定の人に対する悪感情を発露しているだけでなく、いじめを集団内で認知させることで、自分のパワーを集団内で認知させようとしているわけです。

現在、会社ではセクシャル・ハラスメントだけでなく、パワー・ハラスメントが問題になっています。子ども集団と職場との違いはありますが、集団におけるパワーの確認という点では同じです。

問題は、子どもたちは、発達途上であり、具体的問題の解決のためにサポートが特に必要だという点です。

❖護身の視点からいじめを考える

護身の視点からいじめを考えると、いじめの初期の段階で、加害者からの人の尊厳を脅かす行為に対して、きちんと対応できるかどうかがポイントになります。人の尊厳を脅かす行為に対して、最初の段階で制御しておかないと、次々とつけ込んでくるというのが人の習性です。この点では、ことばに対してはことばで、身体に対しては身体できちんと対応する必要があります。それを簡単に許してしまうと、「人の尊厳を脅かす行為をしてもいいんだ」という間違った情報を相手方に与えてしまうのです。

しかし、このようなことを言ってもあまり役に立たないかもしれません。いじめとして問題になっているのは、そんな段階はとっくに通り過ぎていることが多いからです。

長期化すると、いじめる人といじめられる人の関係が固定化していて、その関係を変えるのに大きなエネルギーを必要とします。

護身の視点からのいじめへの対応は明確です。間をとること、距離をとることです。いじめを制御できなければ逃げるしかありません。いじめの場に曝《さら》して、自分のからだや心に打撃を受け続けることほど、護身の観点から危険なことはないからです。

それは、ボクシングで、手を下げ防御しないで殴られ続けているのに、誰もストップをかけないシーンに匹敵します。そんなシーンは、実際にはボクシングでは見れません。なぜなら、レフェリーがストップをかけるからです。しかし、いじめの現実の場面では、レフェリーはいません。

そんなことをしていると、自分に対する尊厳の意識まで低下してしまいます。一刻も早く、逃げ出すことが必要です。したがってこの場合には登校をやめるべきです。

そこに、大人のサポートが必要なことは言うまでもありません。ただ、短期的にはそれでいいとして、長期的には、人の尊厳を脅かす行為に対して、それを制御できる力をぜひ身につけてほしいと思います。いじめられたことをきっかけとして、そういう戦略を立てられたら、災い転じて福になすこともできると思います。

❖加害者サイドからいじめを考える

いじめをなぜするかを個人的な視点からみると、いじめ対象者に対する悪感情、自分の力を示したいという感情、ストレスの発散など様々な要因があると思いますが、人の尊厳を脅かしている点で到底認められものではありません。しかし、被害者が抵抗しない場合や、集団内で加担者や暗黙の支持があると、あたかもそうした行為が許されるかのごとき錯覚に陥ってしまうのです。

人には、人をいじめたり、虐待したりすることや、それを見ることを楽しむ加虐性があると思います。それを見つめ、人の尊厳を脅かさないようにするにはどうしたらいいかを個々人がきちんと考える必要があります。

同時に、子ども集団内で、いじめに対する否定的評価をはっきりさせることも重要です。そうすれば、いじめの首謀者が集団内でのパワーの確認をしようとの意味は失われます。もちろん、そうしたことを考えることなく、ただやみくもにいじめているケースもあるかと思いますが、加害者が孤立して被害者が集団の支持を得れば、いじめる側の力がそがれることは確かです。

集団内にいて、ちょっとした支持や暗黙の支持は、集団の同調圧力によって大量のものになりやすい傾向にあります。そして、一つひとつはわずかであっても、少しの圧力が多くの人から加えられることによって、被害者から見ると、集団から多大な圧力を加えられていると認識されるのです。

多くの暗黙の支持者には、その加害意識がありません。いじめの被害者が数十年後もいじめのことを覚えているのに、加害者サイドの者はほとんど覚えていません。それは空気のごとき集団の流れに乗っただけで、それと意識していないからです。しかし、ここにメスを入れ、皆が気づくように学習していかないといじめの克服は難しいと思います。

❖いじめ自殺について

いじめによる自殺について、周囲の者、特に加害者サイドの者は、彼あるいは彼女がなぜ自殺したのかを真摯に受け止め、いじめの防止について考える機会にしなければなりません。これは言うまでもないことです。

一方、被害者サイドからは、いじめにあっても、自分を責めたり、ましてや自殺することの絶対ないようにしなければなりません。本来ならば、そういう心の状態になる前に周囲が気づくことが必要ですが、いじめにあっている本人も、自分を護るためには、自分を責めたり自殺してはいけないのです。人の尊厳を脅かす場から一刻も早く逃げなければなりません。

自殺は、人の尊厳の基本ともいうべき生命を消滅させる行為です。それは、人の生命を失わされた被害者であると同時に、人の生命を消滅させたという点で、人の尊厳を侵害する立場に立ってしまうことを意味します。

自殺を考える人に言いたいと思います。「いじめをするような人間のために授かった命を捨てるのは、もったいないではないか」「死んだらいじめた人間の思う壺ではないのか」と。こんな声が届くなら自殺など考えないという声が聞こえてきそうですが、ともかく間を取って、自分を再生させる戦略を立ててほしいと思います。

この点では、学校だけが唯一の場という思考から抜け出すことが必要だと思います。社会的には本人の居場所となる受け皿を広く作って再生の場として行くことが求められていると思います（拙著『からだと心を鍛える　日の里空手スクールの実践から』三六頁以下にその一例を記載しています）。

❖いじめ防止を戦略的に考える

いじめを個人の視点からみると、どういう環境に置かれるか、どういう人に出会うかによって変わってきます。そのため、親は子どもに対して、できるだけいい環境を保障したいということになるのです。

ただ、学校時代にいい環境に恵まれたとしても、その後それが継続される保証はありません。したがって、個人において、人の尊厳を脅かす行為に対して、言語的コミュニケーションや身体的コミュニケーションによって、毅然と対応できる力をつけることが重要だと思います。かりにいじめがあったとしても、それに対して、どうサバイバルしていくのかという視点です。それは、個人として、大人になってからも有用な視点です。

それから、いじめはどうして起きるか、なぜ気づかないのか、自分がいじめられたらどう感じるのか、いじめを防ぐにはどうしたらいいのかを考えることです。それをきちんと考えることができれば、大人になって直面する組織のパワーマネージメントの実践的な訓練になると思います。それは、他方では、多様な異なった者同士がどうやって共生していくことができるかという現代の課題にも繋がる部分があると思います。

いじめに対しては、現実に生じた問題への対応にどうしても追われがちですが、個人の側からも、社会の側からも、長期的な戦略が必要です。そして、個人の側というのは、自分を護る力をつけるという観点からの長期戦略です。

護身の視点から
空手を考える

goshin no shiten kara
karate wo kangaeru

空手の技法について

❖護身の技術と思想について

これまで、空手という武術から一応離れて護身を論じてきました。ただ、わたしが護身ということを考えるに至った出発点は空手にあるので、護身の技術や考え方について空手の影響を受けていることは避けられません。

他方、空手の技術を護身という考え方に立脚して、今一度考えたいという思いもあります。特に、子どもたちに伝えていく身体技術として空手をとらえる観点からはそうです。そこで、最後に、護身を柱にして空手の技術について論じたいと思います。

❖護身の技術としての空手

空手は、琉球における禁武政策のもとで発達した歴史的な経緯や、空手の技術を集積した型において受け技から開始されている点、「空手に先手なし」との先人のことばから明らかなように、相手方が攻撃することによってのみ開始される技術体系です。すなわち、相手方が攻撃しなければ使うことのない護身の技術ということです。そして、この技術を使う機会に遭遇することのないまま一生を終えることこそ、空手家の理想とされてきました。

他方、護身の技術が現実に有効であるためには、相手方への反撃が有効でなければなりません。このため、的確で破壊力を持つ攻撃技の習得が目標とされたのです。このように、攻撃技として有効な技を獲得することを技術的に志向しつつ、現実にはそれを使用しないのが理想であり、それが使用されるのは、相手方が攻撃するときであるという矛盾は、空手が出発点から持っていたものでした。その矛盾は、空手の競技化という現象の中でも生じています。

競技空手は、空手の技術を競うものですが、現実的には有効な攻撃技をポイント化して優劣を問うしかありません。このため、最初から攻撃を仕掛けあうのが試合の形式になっています。つまり、護身の技術としての空手では、まず相手方の攻撃が前提となり、それに対抗するという状況であるのに対して、競技空手ではその前提が崩れているということです。

また、競技空手では、一対一で双方が立って向かい合った形での攻防という場が設定されており、一定の時間という制限と技についても禁じ手が決められています。しかし、護身の場面というのは、一対複数という場合もありますし、できるだけ短時間で危険な状況から脱出するのが目標ですから、一発で有効な技を決めるという一つの技に対するこだわりは、非常に強いものがあります。

そして、どんな技が有効であるかも、現実に置かれた状況によって違います。その状況は、当方が作り出すというより相手方によって作り出されるものですから、様々な状況に対応できるだけのものがなければなりません。これに対して、競技空手では、有利な状況を自分が作り、お互いが技を競い合うものです。

競技というのは、ルールを決めた枠内での競争ですから当然ですが、空手の本来持つ護身の技術という点からは、競技空手の方向は必ずしも一致しません。これは非常にもったいないことです。相手方に手をつかまれたり、身体を拘束されそうになったり、寝込みを襲われたり、ナイフで襲われたりしたときなどに、自分を護るために即座に対応できる身体技術を伝達していくことが、護身の技術たる空手の目標だと思います。

そうした技術は、様々な型を通して、現代を生きるわたしたちに語りかけてくれます。空手は護身のための技術の宝庫であり、その習得方法を子どもたちに伝えていくことは、子どもたちに生き抜いていくための力を与えるものです。

❖空手の技術伝達の過程について

空手の技術を伝えていくうえでは、土台としての身体をつくっていく側面と、土台の上に技をつくっていくという、二つの側面があります。また、空手について、身体を武器として使用する技とみれば、武器を創出する過程と創出した武器を使用する過程として整理することもできます。そして、この二つの過程は、空手の型を基軸に据えて指導者の身体を通して伝えられていきます。

ここで型というのは、「三戦《サンチン》」や「平安《ピンアン》」といった特定の型だけを指すのではなく、基本の技を含めた空手の技の体系を指しています。要するに、突きや蹴り受けといった基本的技についても、どのような身体動作をするのかということが決められているわけで、それを指導者が自分の身体を使って伝えていくものです。

そして、空手を習う者は、この身体動作を真似ることで、模倣の過程でその身体動作を自分の体に取り入れ次第に身体化していくという手法を取ります。この身体動作のモデルとしての型の存在は、空手の技術を教えていくうえでの教材の役割を果たしています。

通常、教材というのは、ことばの体系でできています。それは、学ぶ体系が知識であるためにことばによって伝達が可能だからです。これに対して、空手の場合、ことばの体系で語ってもその技術を伝達することはできません。それは、空手が身体動作の技術だからです。

そして、型が身体動作のモデルであるために、それがどのように体現されるかは、各人の身体によってなされます。よく、同じ型でも、演じる人が違えば違う感じがするといわれるのは、そこに各人の身体性が反映しているからです。柔らかい体であればその特質が出るでしょうし、身体が硬ければ硬い部分が出てくるでしょう。

身体の一定の特質を欠陥と見て、それを是正しようという考え方もあるかもしれません。しかし、身体の特質を各人の個性とみれば、その個性に応じた技の特色が出てきます。身体動作のモデルとしての型は決められたものですが、各人がそれを自分の身体に取り入れる過程のなかで、その有効性を確認していくということです。

指導者は、技としてきちんとできているかどうか、型にて表現された身体動作の技術がきちんとその人の身体に宿ったかどうかをチェックしていくわけです。技ができたならば、相手方に実際に試してみるということを繰り返し行うのです。技をかけるタイミングやその有効性は、相手に技を実際にかけてみることで確認することになります。そして、相手方は当初ひとりですが、複数の相手がいても対応できるように訓練します。

❖空手の技法の本質

空手の技法の本質をことばで表現したいと思います。それは、なぜ力がない人でも爆発的な力を発揮できるかという問いに対する答えでもあります。

人は、火事などの非常事態の現場で、通常持てないような重いものを持ち上げたりすることがあります。平静に戻るともうできません。しかし、彼が非常事態の状況下で通常では持てない重いものを持ち上げて運んだことも事実です。非常事態という状況が彼の持っていた潜在的エネルギーを顕在化させたということだと思います。空手の技法は、人が潜在的に持っているそうしたエネルギーを危機的状況下で護身のために確実に出せるようにする技術といえるでしょう。

わたしは、空手について、短い時間と距離にて、身体の力を抜いた状態と力に満ちた状態との転換を可能にして、その落差によって顕在化される身体のエネルギーを相手方の特定部位に伝えて相手方を崩したり、相手方に打撃を与える技術だと考えています。そして、その時間と距離とを限りなくにゼロに近づけていくのが技術の目標だと考えています。

また、わたしは、身体の力をリラックスした状態を「空」、力に満ちた状態を「満」、その落差によって顕在化される身体のエネルギーを相手方に伝えることを「中」と呼んでいます。

「空」というのは、呼吸を吸って待機している状態で、エネルギーをためている状態、「満」は、呼吸を吐いてエネルギーを身体動作に転化する状態です。「中」というのは、力を集中させるということと、「中《あ》てる」ということを指しています。そうした転換は、呼吸のコントロールによってなされます。「空」というのは、身体はリラックスした状態ですが、相手方が攻撃するのかしないのか、攻撃する場合どこを攻撃するのか、どんな場合にも対応できるように準備している状態でもあります。

また、「空」といっても、身体はきちんと構え土台が揺るぐことはありません。そして、「空」から「満」への転換を「中」で伝えることで、相手方を崩したり、相手方に打撃を与えることになるのです。

空手の技術を知らない人は、「空」の状態を作ることができません。また、作るとしても時間を要したり、一定の遊びの空間が必要です。また、いったん「空」の状態を作ってもそれを瞬時に「満」の状態に切り替えることができません。

空手の技術のある人は、力がない人でも、数人から手をつかまれたときに簡単にその拘束から逃れることができます。年老いてもそうです。それは、空手の技術が力自体というより、力の変化と力の集中・分散によって相手方を崩すことにあるからです。

時速一五〇キロで飛んでくるボールと、当初、時速一〇〇キロできて、ホームベースの直前で時速一二〇キロに変化するボールとでは、どちらのボールにバッターは差し込まれるかという問いを考えるとよいと思います。短い時間と距離の間に、加えられる力に大きな変化があると、とても対応できません。その力が集中したり分散したりすればなおさらです。

それでは、その力の源はどこにあるのでしょうか。

それは、各々の身体による大気の吸入・排出によるものと言わざるを得ません。これを比喩的に言えば、人は相手方と身体的コミュニケーションをする前に、大気との間で身体的にコミュニケーションをし、エネルギーの源を得ているといえると思います。

護身のための空手と身体的コミュニケーション

❖空手の技術の伝達と身体的コミュニケーション

身体的コミュニケーションとは、身体を通じた受信と発信によって相手方の意思を汲み取り、相手方に自分の意思を伝えるコミュニケーションです。武術が実際の行使場面において、ことばを発することなく、身体感覚のやりとりで相手方の感情や意思を汲み取ろうとする点をみると、武術の持つ身体的コミュニケーションの要素を否定できません。

また、空手の技術を伝える過程において、身体動作のモデルとしての型を基本にして、各人の身体にその型が表現する身体動作を技術として宿らせ定着させるには、指導する側が自分の身体を使って型が伝える身体動作を示し、各人の身体がその動作を獲得していくように手助けしていきます。間違っていれば、是正していきます。こうした手助けは、指導する側に対して、型としての身体動作はどうすれば各人の身体に定着していくかの指導方法を求めることになります。

自分の身体とことばを使って指導していくことになりますが、指導が適切であったかどうかは、結局、指導を受けた人の身体動作にかえってきます。ただ、ある時期全く反応しなかった身体がある時期からきっちり反応するようになることもあります。

こうした点をみると、コミュニケーションにおいては、継続的で安定的なコミュニケーションが基本であると思います。一定の時間を要するからです。ことばによるコミュニケーションでも身体的コミュニケーションでも同じです。技術を伝達していこうとするならば、継続的で安定的なコミュニケーションの場を設定することが第一になります。

❖「護身のための空手」について

わたしが「護身のための空手」ということばにて表象することは、次のとおりです。

第一に、空手の本質は、護身にあることを再確認したいということです。

第二に、護身が問題となるような状況を設定して、それに対応する身体動作を技術として獲得することを目標にすることです。

そのため、空手の基本的技術を型を通して学びつつ、一方では、護身の身体動作が求められる現実の場面で、どう身体動作するかを色々な場面を設定して訓練していくというものです。

たとえば、手や胸倉をつかまれたりしたときに、どうするのかというのがあります。正確に言えば、それ以前に、手や胸倉をつかまれようとしたとき、どうするのかということです。素早く相手の動作を察知して逃げるとか、かわすことができれば一番ですが、いったんつかまれたら、そこから脱出する身体動作をできるだけ早くしなければなりません。

わたしは、手や胸倉をつかまれた場合の脱出方法について、いくつかの方法を提示しています。その方法は、空手だけでなく、合気道の技なども参考にしています。そして、子どもたちが早く習得してリスクの少ない身体動作を基本形として蓄積していきます。

子どもたちには、いきなり胸倉をつかんだり、手を握ったりします。その場合に身体が素早く的確に反応するか否かによって、護身の動きができるかどうかを検証していくのです。そして、反応の早い子は、こちらが動作を仕掛けようとするのを早く察知して、こちらを制御する動作にすぐ入ることができます。

他方、こちらがどんな動きをしても全く反応しない子もいます。恐らく、頭の中では離れたいと思っているに相違ありません。しかし、からだをどう動かしていいかがわからないのです。頭とからだとが分離してしまった状態といえるかもしれません。相手方からコントロールされて相手からいいようにされてもしかたがない状況です。身体が素早く反応しなければならないのに、からだが動かないのですから。

身体の動きに対しては、身体の動きで返していくというのは、身体的コミュニケーションの領域だと思いますが、この力をつけていくことが護身の力をつけていくことになると考えています。わたしが教えている空手スクールにおいても、入ってくる子の大半は、身体の反応をしない子です。わたしは、子どもたちの身体反応についての現状や、護身の身体動作を求められる昨今の子どもを取り巻く状況を見て、身体反応の力を高め護身の基本的力をつけていく必要性を強く感じるようになりました。護身が問題となるような状況を設定して、それに対応する身体動作を技術として獲得するという目標も、こうした現状認識によるものです。

第三に、空手の型から護身に有効だと考える技を抽出して、特に練習していくということです。空手の型は、全体で完結するものですが、長い道のりの過程で色々な技に出合うように構成されています。したがって、長く空手をやり一定のレベルまで達しないとその技に接することすらできません。

しかし、高段者が練習するとされている型には、護身の観点からぜひ早い段階で紹介したい身体動作があります。たとえば、那覇手＝東恩納《ひがおんな》系の型で「クルルンファ」という型がありますが、その型に出てくる後ろから抱きつかれたときの後頭部の使い方は、頭すら護身の強力な身体部分になるという点や、相手方に対する角度によって相手方への打撃の程度が異なることを身体で確認できる点などで、非常に優れた教材になる身体動作です。

つまり、空手というのが、単に手や足だけでなく身体の全ての部分を護身のために使用するという技術であり、どの身体部分を使用するかは、その置かれた状況によるということを非常にわかりやすく説明でき、また身体で体現できる技です。そのため、わたしは、空手の型でも護身の身体動作を習得していくうえで有効な型と技に、どうしても目がいってしまいます。限られた時間のなかで、護身の力をつけたい、つけさせたいという思いがその底にあります。

❖基本的な打撃の技を学ぶ

わたしの身体技術が空手を基本に置いている以上、護身のための防御・反撃の基本技には、打撃系の技が多くなります。

この点、護身の技として有用だと特に考えられる打撃系の技は、次のとおりです。

○**蹴り**　前蹴り（前足底）、後蹴り（踵）、横蹴り（足刀）、廻し蹴り（前足底、足甲）、逆廻し蹴り、踏みつけ蹴り（足刀）、膝蹴り（膝）

○**突き及び打ち**　正拳突き（順突き、逆突き）、裏拳突き、拳槌打ち、肘打ち、手刀打ち、背刀打ち、掌底打ち、何れも、前後左右の四方に行う

○**受け**　上段受け、中段受け、下段受け、交差受け、外受け－内受け、回し受け

○**貫手**

❖状況に応じた技の展開

護身の技術を学ぶうえで留意することは、危難となる仮定の場面を設定して、そこから脱出するための技を試み、その有効性を確認したうえで、自分の型としていくという点です。色々

な武術には、そうした場面を設定した型があります。しかし、そうした型を習うのは、かなり習熟した後であることが求められることもあり、本格的にやらないと、護身に有効な技にたどり着かないこともありえます。

しかし、護身についての普遍的な必要性と一般の人が武道・武術に費やせる時間からすると、護身について有効な技は、不十分であっても早い段階で習った方がいいと思います。技を知っていれば、一定の状況に対してそこから脱出するための方法は複数ありますので、自分が身体化するのにどれが適しているか色々自分で試せるからです。

ここで求められているのは、いわば実践的に身を護るための身体動作であり、誰もが身につけたほうがいい基本的な技術といえます。要するに、その場面で使えるかどうかが全てなのです。格好がいいかどうかということは二次的なことでしかありません。水泳になぞらえれば、泳げることが重要であり、競泳を目的とするものではないということです。

それから、危難となる仮定の状況を設定するにしても、一番の護身は、そういう状況にならないことであり、そういう状況にならないための身体動作が先行することになります。たとえば、手を握られるとか胸倉をつかまれるという状況にしても、相手方のそういう行動を察知してきちんと距離をとるということが基本です。護身の基本は、距離をとることです。また、そうした状況になったとしても、瞬時にその状況から離れるように行動しなければなりません。

要するに、空間的距離と時間的な切断とがキーポイントです。状況を設定することは、そこが出発点になりますが、実際には一連の動作の一こまにすぎません。時計を止めることで、身体動作をやりやすくしているわけです。しかし、実際には時計は動いています。

また、身体動作がわからないときには、動作を大きくすることで動きをつかみますが、現実には小さくてスピードのある鋭い動きでないと有効ではありません。技の身体化は、小さくてスピードのある鋭い技を状況に応じて瞬時にやれるように訓練することです。

以上のような前提のもとに、子どもたちに学んでほしいと考えている基本的な危難の状況は次のとおりです。

○手をつかまれる　右手で右手、右手で左手、左手で右手、左手で左手
○胸倉をつかまれる　右手、左手、
○後方から肩をつかまれる　右肩、左肩
○横から肩を抱かれる　右横、左横
○後方から抱きつかれる　腕の上からと腕の下から、腕を使える場合と使えない場合
○前後に囲まれる
○左右に囲まれる
○四方に囲まれる
○寝ているところを飛びかかられる

○寝ているところを上から押さえ込まれる　手を使える場合と使えない場合
○拳で殴りかかられる
○足で蹴られる
○棒で殴りかかられる　立った位置と座った位置
○小刀で脅かされる

❖具体的な場面と空手の型との関係

空手の型には、色々な場面を想定した護身の身体動作が含まれています。わたしは、空手の型を習得して色々な場面で対応する力をつけていくとともに、逆に現実の場面の側から型に出てくる技を検証し、どれが自分にとって現実の場面で使用できるかを相手をとって色々試してみることが必要だと思います。その例として「後方から抱きつかれた場合」の身体動作があります。

これについては、首里手＝糸洲《いとす》系の型である「平安《ピンアン》三段」のなかに後方への振り突き技がありますす。また、那覇手＝東恩納系の型である「セイエンチン」には、猿臂《えんぴ》（肘打ち）による後方からの拘束に対するはずし技が組み込まれています。また、那覇手＝東恩納系の型で「クルンファ」という型がありますが、その型に出てくるのは後ろから抱きつかれたとき後頭部を使って拘束をはずす技法です。しかし、現実に使用できる技としてはこれだけに限りません。

足刀を使って相手方の足甲部を蹴る技（わたしは、これを「踏みつけ蹴り」と呼び、護身に有効な技として練習させています）、後方への裏拳打ち（これは手が自由な場合にのみ使用できますが、「踏みつけ蹴り」と併用するとより効果的です）後方への金的蹴り、身体を振っての外し技、身体を落しての外し技などです。

型というのは、一つの物語ですから流れがあります。このため護身の技としての登場の仕方もその物語の制約を受けています。

しかし、現実の護身の場面というのは、相手方の身体動作に応じて色々な状況が生じますので、型が想定する物語どおり進行していく保証はありません。このため、相手方の動きに応じて的確な身体動作ができるように相手をとって色々な技を試し、どんな技をどんな状況で使用するかを自分の身体に確認させていくことが求められるのです。

❖護身のための空手と身体的コミュニケーション

身体的コミュニケーションとは、すでに述べてきたように、身体を通じた受信と発信とによって相手方の意思をくみ取り、相手方に自分の意思を伝えるコミュニケーションです。護身の場面というのは、相手が攻撃し、自分の身体や生命が脅威にさらされる場合です。こうしたときに身体的に対応して自分を護るには、相手の身体から発せられる敵対的意思を速やかに把握して、それに即した身体反応ができるかどうかがもっとも重要なことです。

空手の技術があろうとなかろうと、関係ありません。そして、護身の際の身体的コミュニケーションでは、身体を通してこちらの意思を伝えるということだけでなく、具体的に相手の攻撃を防止し、停止させねばなりません。

これを空手の技術を駆使して行おうとするのが、護身のための空手です。このため、護身のための空手とは、空手を通して、護身のための身体的コミュニケーションの技術を獲得する一つの方法と考えることができます。

護身のための空手の可能性

❖身体各部の使用と護身

空手は、護身のために身体各部を使用します。そして、どの部分を使用するかは、どんな状況に置かれているかによって変化します。たとえば、足というのは、通常立つための土台として機能します。実際、蹴りというのは、片足になってしまいますので不安定さは免れません。そのため、護身の技としては、立っている場合、手技が中心になるのはやむを得ないところです。しかし、こちらが寝ているときに襲われた場合には様相が違ってきます。

寝ている場合には、片足による不安定さはありません。また、相手を見る位置からすれば、当然仰向けになり相手方に足を向けた姿勢で相手方に対峙することになります。それが、寝た状態での横蹴り、回し蹴り、逆回し蹴りなどを、足甲部や足の外側・内側、膝《ひざ》を自分の打撃の部位として、相手方の下半身、特に脛や脹脛などを攻撃します。

寝た状態で足を使う場合も、空手の技法の特質である空→満→中の変化によって、短い空間と時間の間に爆発的力が加えられるように訓練していくことで、技の有効性を高めることができます。また、手にしても拳を握るのか開くのか、正拳なのか裏拳なのか、拳槌なのか、手刀、背刀、掌底なのかなどは、相手との位置関係や距離、体勢などによって違ってきます。状況に応じた使用の仕方を身体的に会得していくのも技術の伝達によるものです。

❖力と護身の技術

空手の護身の技術というのは、力の強さとは関係ありません。自分が大地から得たエネルギーをもとに、力の変化、力の分散と集中によって、一瞬の内に相手方を崩して倒していく技術です。たとえば、四人に両手で右腕を押さえられても、この力の変化、力の分散と集中の技術を習得している人は簡単に外すことができます。これに対して、その技術がない人は一人に両手で右腕を押さえられると、必死に外そうとしてもなかなか外れません。

その違いは何かというと、握られた手を離そうとして同じ力で押すのか、力の変化や分散・集中によって相手を身体的に幻惑できるかという点です。力を抜いた状態から力を入れた状態に瞬時に転換することで、相手方が崩されて対応できないのです。これは、後ろから両腕で拘束された場合も同じです。大概の人は、離れようとして力を入れます。そのことで、ますます締まってしまいます。

力を抜くことで、身体が抜けるためのわずかな空間を作ったり相手方を崩すことができます。要は力のコントロールの問題なのです。力が強いことに越したことはないのですが、力が弱いことで有効な技が出せないということはありません。

❖年齢と護身の技術

空手による護身の技術が力に直接関係ないことで、年齢による体力の低下によって、基本的技術が低下することはありません。むしろ、年齢が進むに連れて、力に頼れないことが明白となり、力を抜くことが自然と受け入れられると思います。

若い時代は、力任せにやろうという傾向が強く、力を抜けといってもなかなか難しいのですが、年齢を重ねると、体力が低下しますから、その分技術に負うべき部分が多くなります。また、年齢を重ねることで、自らの身を護る必要性が再び高まってきます。

年寄りは、一般的には、子どもと同じく、体力がなく、ことばのコミュニケーションの力もなくなることで、狙われやすい世代です。このために、年齢を重ねて護身の技術を持つことは、生活の基本的質を確保していくうえでも必要なことだと思います。

❖身体の再生

護身のための空手の目標は、自分を護るための身体技術を獲得していくことです。その訓練過程において、身体の力のコントロールによって、相手方の不法な攻撃を撃退する力強さと強い気を養うことができます。また、身体の色々な部分を一瞬にして戦うための武器に転換したり元に戻したりすることで、自己の身体をコントロールする力をつけてくれます。それは、身体を活性化するとともに、気をも活性化させるものです。ここでいう気とは、生命の息吹ともいうべきものです。

わたしは、こうした訓練は、元気をなくした身体を再生させるとともに、身体と一緒に萎えてしまった心を再生する力があると思っています。それは、何らかの形で自信をなくしてしまった者に対して、生命の息吹を吹き込み、身体と心とを再生させるものです。

護身のための空手では、それぞれが自分のテーマで技の構築にむけて取り組むことができます。

❖護身のための必須条件

先に紹介しましたように、『凶悪犯から身を守る本』では、凶悪犯から身を守るための必須条件は、防犯具をたくさん持っていることでもなければ強靭な体をしていることでもなく、常に心の準備を怠らないことなのです」（同書一五頁）と指摘しています。

そして、抵抗の仕方として、「直ちに」、「一直線に」、「爆発的に」という指摘をしています。これは、空手の身体技術において、身体を一瞬にして戦う武器に変化させる過程と相通じています。すなわち、護身のための身体技術としての空手には、危険な状況下において直ちに、身体を武器化して、瞬時に力を爆発させることを技術化することが求められています。

そこで、護身の技術としての空手を志向する観点からは、通常の空手の練習とは別に、色々な状況設定をして、危難から逃れるための意識の集中と身体動作とを訓練して、そうした状態にも自然に対応できるようにすることが課題になります。

護身のための空手の教育効果

❖いじめの撃退

先に述べましたように、子どもたちが直面する環境ストレスの一つに級友たちからのいじめがあります。いじめの対象となるのは、何らかの点で他の子と異なっていることが普通です。いじめの原因としては、色々ありますが、共通の背景として、同調を求めるコミュニケーションが深く子どもたちを覆っていることを指摘せざるを得ません。同調のプレッシャーが強くあり、皆がそれに従っているために、異なる点を肯定することが許せないのです。

こうした傾向は、子どもたちの間だけでなく、深く社会に根ざしており、子どもたちの間に現れているのは、むしろ一般社会の反映といってよいでしょう。この同調を求めるプレッシャーは、ことばを必要としない身体的コミュニケーションの領域まで、深く食い込んでいるように思われます。

こうした状況を打開するには、異なることに対して、同調させて変えようとするのではなく、そのまま是認するという態度が必要です。異なったものが存在することは、健康な社会であることを証明する一つです。それを、均一化しようとするのは、社会の病理でしかありませんが、そうはいっても、個人として潰されないためには、異なることに引け目を感じることなく、自己主張していく姿勢が重要です。そしてこれに対して、もし、相手から暴力をふるわれたら、当方も暴力によって傷つくことのないように、身体的に撃退することが必要です。

多勢に無勢ということばがありますが、いじめの構造は、ひとり対多数です。それでも、相手方の違法行為を成功させてはならないのです。その基本には、反撃できるだけの身体的強さが必要です。

いじめられた側が強くなり、強い抵抗によっていじめの包囲網を一つひとつ破っていけば、いじめを受けることもなくなります。いじめは少数の企画者、実行者と多数の暗黙の支持者がいますが、この暗黙の支持者は、力関係によってどちらにも動くものだからです。護身のための空手によって強くなり、人を踏みにじることは許さないという意気が身体から滲み出るようにするのです。現に、いじめられた子が強くなって、いじめがなくなったケースがいくつもあります。

❖中高生に特に勧める

わたしが広く中高生に空手を学ぶことを勧めるのは、空手に身体的なコミュニケーション能力を高める力があるからです。そして、からだと心の成長には、このコミュニケーションの力が欠かせません。相互のコミュニケーションというのは、発信と受信からなります。そして、相手方がどう反応するかの想像力によって、コミュニケーション能力は発展していきます。

ことばによるコミュニケーションの基本は、自分で考えそれをことばで人に伝えるということ、人からの考えを受け取るということ、それによって影響を受けるということで成り立っています。これと同じように、身体の動作によって自分の意思を表現し、身体の動作による相手方の意思を受け取り、それに対応するという身体的コミュニケーションの領域があります。この二つの関係は、身体的コミュニケーションが基本であり、言語的コミュニケーションはその上に構築されています。

これは、人が赤ん坊から成長していくにしたがってコミュニケーションの力を獲得していく過程をみれば明らかです。ことばを獲得するにしたがって、言語的コミュニケーションが主要な方法となり、身体的コミュニケーションは後ろに隠れて見えなくなっています。このため、コミュニケーションに問題がある場合、ことばのコミュニケーションの問題として考えられることが多いのです。しかし、実際には、コミュニケーションの問題の基本には、身体的コミュニケーションの部分に問題があることが多いのです。

建築でいえば、身体とことばとはいずれも構造部分ですが、より基底にあるのは身体です。また、ことばには、内装部分や造作部分があります。多くの人は、内装や造作の美しさに目を奪われて建築を見ます。構造部分は地味であり、見えませんのでいつのまにか背後に押しやられて低い地位しかあたえられなくなりました。それができていることは、当然のこととされているからです。

だが、現実を直視すれば、基本となる身体的コミュニケーション自体がうまく機能していないことが多いと思われます。実際、ことばによるコミュニケーションがうまくいかない人も、身体的コミュニケーションの領域を切り開いていくことで、自信を回復していくことができます。そこには、身体とことばとの切り離せない密接な関係を見てとることができます。

空手には、基本の技から難易度の高い技までの習得過程や、技の組み合わせ方法によって、段階的に上達していくことが組み込まれており、誰もが親しむことが可能です。わたしが、敢えて中高生に空手を勧めるのは、身体的コミュニケーションの新しいチャンネルを設けることで、自信をつけさせる教育効果が非常に高いからです。また、中高生で鍛えたいものの一つが、集中力と持続力です。

集中力とは、短時間に力を集中できる力であり、持続力とは、長時間継続することができる力です。集中するためには、リラックス状態と緊張状態のリズムをバランスよく作ることが必要ですが、空手の技自体が、一点にいかに力の加わる技を繰り出すかという目標設定によって創り出されていくものです。力の集中ということを究極の課題としていますので、練習の過程で集中力が磨かれていくことに、疑いがありません。

次に持続力の点ですが、強くなりたい、上手になりたいとの気持ちとそのためにやるべきことを続けて行くということです。意識をもって続ければ必ず実りをもたらすことができます。

❖子どもたちに伝えたい身体的コミュニケーションの力

身体から身体へと伝えていくものが非常に少なくなりました。しかし、身体を通してしか伝わらない大切なものが残っています。身体的コミュニケーションの力は、まさに身体と身体との間でのやりとりなしには獲得しえないものです。

護身の技術がそうであり、護身のための空手の技術もそうです。身体的コミュニケーションの力が落ちつつある今、このことは、いくら強調しても強調しきれないものだと思います。それでも、環境に恵まれた子どもたちは、色々なチャンスが与えられるでしょう。しかし、多くの子どもたちは、時代の変化のなかで置き去りにされていないかという思いがあります。

自分の身体を使ってどう自分を護るかというのは、誰にも突きつけられている問題です。その基本は、自分の体をどう護身のために使用できるかということです。そのためには、自分の身体のことを知り、護身のために必要な身体動作を技にまで高めていくことが必要です。

先人はそのためのヒントを色々な形で残しています。それに触れて、自分の身体動作を取り入れていくのです。それは、自分の身体に向き合う過程であり、自分の身体を見直す過程でもあります。

自分の意思と身体との間に齟齬がないようにするためには、身体的コミュニケーションの力が必要です。拒絶したくても身体が拒絶の態度を示さないのは、自分の意思を身体が裏切っていることになります。拒絶したいときには、素早く距離がとれることで、自分の身体を肯定的にとらえられるようになると思います。個々人の器用・不器用は全く関係ありません。このような認識が広がり、空手が護身の技術の一つとして広まっていくことを願っています。

あとがき

護身の具体的な方法については、色々な書籍が出されています。それは、主として暴漢に対する身の護り方の身体動作のノウハウを示したものです。

確かに、護身というときには、身体的な暴力に対してどうするかということが、典型的な問いになりますが、ことばの暴力や脅し、騙しといった歪んだ言語による被害に対する防御も、その範囲に入ってきます。また、子どもたちのいじめなどによって示される加害行為の内容をとらえて、身を護ることを具体的に問うことで、護身はより現実の生活に根ざしたものになると思います。

本書は、護身を人の尊厳を脅かす行為を防止する行動と捉えて、子どもたちが大人になっていく過程において、身につけるべき考え方と技術として説明しています。また、本書では、護身を、被害にあわないための被害者の視点からの防止行動ととらえるだけでなく、自ら加害行為をしないという加害者の視点からの侵害を防止する行動としても考えています。

被害者にならないためには、護身の技術を含む身体的コミュニケーションと言語的コミュニケーションの力をつけること、そして繋ぐ核には人の尊厳に対する意識とそれを支える強い心が求められます。

また、加害者にならないためには、自分の暴力性に目覚め、それを飼いならす、コントロールするということ、それは結局、身体的コミュニケーションと言語的コミュニケーションの力をつけることになると思います。加害者にならないためには、何よりも、人の尊厳に対する意識とそれを支える強い心が必要です。

加害者にならないことは、自分を護ることであり、また、他人を護ることにもなります。被害者にならないことは、加害者を生み出さないことでもあります。結局、ことばとからだと心が護身の三要素であるというのはこうした意味からと理解しています。

今求められているのは、人の尊厳に対する深い理解と尊厳を護るためのコミュニケーションの力です。

特に、身体的コミュニケーションについては、低い位置しか与えられていなかったのではないでしょうか。この点では、演劇や武道・武術、身体技芸の教育における位置づけがもっときちんとなされてもよいのではないかと思います。そして、子どもが自分を護る力をきちんと育んでいけるように、護身の考え方と技術とが今後一層研究されてよいと思います。

本書の問題意識は、日の里空手スクールを支えるパートナーである明永利雄監督をはじめとする諸兄姉との営みのなかで生まれてきたものです。諸兄姉と場所を提供していただいている住民の方々、コミュニティセンター日の里会館の関係者の方々に感謝申しあげます。
最後に、本書出版にあたり、西俊明社長をはじめとする海鳥社の方にお世話になりました。本書が形になったことを喜び、厚くお礼申し上げます。

二〇〇七年二月十七日

宇都宮英人

宇都宮英人（うつのみや・ひでと）

1949年9月，熊本県に生まれる。

1965年，熊本高校にて空手入門，空心会所属。

1968年，糸東流修交会所属。

1971年，西日本国公立大学空手道選手権大会で最優秀選手に選ばれる。

1973～1977年，京都大学空手部副監督。

1985年より日の里空手スクール代表。現在，糸東流修交会空手道連合教士6段。

1978年から福岡市で弁護士を開業している。

著書に『からだと心を鍛える　日の里空手スクールの実践から』（海鳥社，2004年）がある。

自分《じぶん》を護《まも》る力《ちから》を育《そだ》てる

■

2007年3月19日発行

■

著　者　宇都宮英人
発行者　西　俊明
発行所　有限会社海鳥社
〒810-0074　福岡市中央区大手門3丁目6番13号
電話092(771)0132　FAX092(771)2546
http://www.kaichosha-f.co..jp
印刷・製本　九州コンピュータ印刷
[定価は表紙カバーに表示]
ISBN978-4-87415-616-2